LE NOËL
DES
ÉCRIVAINS

LE NOËL
DES
ÉCRIVAINS

Textes réunis

par

Sébastien Lapaque

SORTILÈGES

1999

Blaise Cendrars

Noël à Rio

À Mme Simone.

Tant crie-t-on Noël qu'il vient !

Il faut réviser jusqu'à ses images poétiques les plus familières.

Ici, à Rio, la Noël tombe en plein été austral et le simple fait d'exister est un véritable bonheur.

C'est à Rio que j'ai appris à me méfier de la logique.

Vivre est un acte magique.

L'œil est-il à gauche ou à droite de la main ? demande un proverbe nègre.

Ce n'est pas une énigme. C'est une recette de sorcellerie sous forme de devinette, et il faut répondre : c'est le papillon !

C'est un jeu.

Cela vous apprend à mieux regarder et à pénétrer l'essence mystérieuse des choses.

Un papillon !

C'est une idée, une idée qui vous est soudainement venue à l'esprit et que vous avez laissée s'envoler en secouant la tête comme on fait quand un de ces merveilleux papillons des tropiques qui sortent des forêts vierges circonvoisines s'égare et vient voltiger autour de votre crâne d'étranger comme autour de la fleur la plus rare de ce jardin exotique qu'est le *roof-garden* ou jardin suspendu au sommet de l'hôtel *Gloria.*

L'admirable lépidoptère géant, qui est large comme la main et a des ailes bleues bordées de noir, cherche à se poser, mais son insistance inquiète à la longue et l'on finit par le chasser à grands coups de serviette, et la bête xénophile, et peut-être vorace, chavire par-dessus bord et tombe dans un gouffre de chaleur, éperdue, ivre de soleil et de lumière, vole d'un vol lourd et irrégulier et mou pour aller se perdre dans l'azur, est comme entraînée au large, je ne dirai pas…

De-ci, de-là,
Pareille à la
Feuille morte…

car au Brésil les feuilles des arbres ne sont pas caduques, mais comme une âme en peine et lasse d'errer.

Déjà, chez les peuples de la plus haute antiquité, le papillon était l'emblème de la métempsycose et considéré comme le messager, l'annonciateur d'une mort prochaine, c'est-à-dire du RENOUVEAU.

De toute façon, ici c'est l'été.

Noël.

I

Une qui croyait à la métempsycose, mais qui ne pouvait admettre le dogme de la mort nécessaire comme passage obligatoire et obscur de la transmigration des âmes parce qu'elle y avait échappé une première fois, était une paralytique, une Russe, la comtesse Starosta, une folle, une illuminée, miraculeusement rescapée du naufrage de la *Principessa Mafalda* et qui habitait depuis vingt-cinq ans au dernier étage, immédiatement sous le jardin suspendu de l'hôtel *Gloria,* un appartement dont toutes les fenêtres donnaient sur Rio, sa baie incomparable, les montagnes d'en face, la joue frottée de la lumière du premier matin du monde comme les montagnes qui servent de fond géologique aux toiles de Léonard ou de Mantegna, l'océan écumant, les îles, les pics, les rocs, la pyramide du Pain de Sucre, les mornes voisins, les agaves, les palmiers, la forêt inquiétante d'où viennent les papillons.

– Je ne veux pas mourir, disait-elle. Toutes les âmes sont en nous. Il suffit de choisir celle que l'on veut être. C'est un acte de volonté. On ne meurt pas. On ne se réincarne pas. C'est tout juste si l'on change de peau ! Mais c'est tout de même un miracle. Je l'ai voulu au nom du Saint-Esprit. Regardez-moi, j'ai déjà subi une première métamorphose et n'en suis pas morte. Mais j'exige un deuxième miracle car je veux guérir. Je prie. Je me concentre. Je m'absorbe en moi-même. J'appelle le Saint-Esprit. À bord de la *Principessa Mafalda,* ça s'est fait tout seul, instantanément. Aujourd'hui, c'est plus difficile. Je suis trop souvent distraite de mes pratiques et tirée du yoga par les avions qui évoluent sous mes fenêtres. Il y en a trop. C'est l'œuvre du démon. Ils viennent d'où ? Ils se rendent où ? Cela ne mène nulle part. Je veux vivre. La pauvre chenille devient un brillant papillon. Regardez-moi, regardez ma collection.

Et elle vous désignait du doigt sa collection des plus beaux papillons du Brésil épinglés aux murs dans des lourds cadres d'acajou.

Elle-même était assurément la pièce la plus stupéfiante de sa collection, une espèce de papillon-chimère pris dans un filet, allongée qu'elle était dans son hamac tendu devant la fenêtre ouverte du grand salon, sa silhouette noire, mi-rigide, mi-vivante, les jambes atrophiées, le buste ballant, se détachant au bord du gouffre lumineux au fond duquel gît Rio dans la journée, ses gratte-ciel abstraits émergeant d'une buée de chaleur et d'où monte la nuit, avec les lampadaires électriques qui s'allument tous d'un seul coup et les constellations qui s'élèvent les unes après les autres de la mer, la Croix du Sud, la pleine lune, le tam-tam assourdi mais grondeur des *macoumbas* que célèbrent les sorciers nègres partout dans les collines environnantes.

Alors, elle faisait apporter des cierges de cire noire qui dégageaient une odeur d'encens en se consumant, et elle absorbait une drogue qui avait la consistance du miel et avalait un grand verre d'une infusion brûlante.

– C'est pour lutter contre le gel, j'ai froid ! disait-elle avec son accent slave qui lui mettait des roucoulements passionnés dans la gorge. Je crois au miracle ! Regardez, je suis comme une larve à mi-chemin de la résurrection, une chrysalide. Déjà, je ne puis plus mourir. Je vois le Saint-Esprit...

C'était peut-être une aventurière et elle devait faire des adeptes, car toutes les nuits il montait des centaines de personnes chez elle et l'on menait gros jeu dans ses salons. Il fallait bien que quelqu'un payât la note d'hôtel de la comtesse miraculée, que diable ! La vie est chère à Rio.

II

Et voici ce qui lui était arrivé lors du naufrage de la *Principessa Mafalda,* en 1927 :

Le transatlantique du Nord venait de doubler le cap Frie et déjà le branle-bas battait son plein sur le pont en vue du débarquement. Les panneaux étaient ouverts. On hissait des cales les automobiles de luxe toutes neuves, que l'on débarrassait de leur housse et dont on faisait le plein pour qu'elles soient prêtes à rouler. On groupait les bagages des passagers de premières sur le deck, leur attribuant un numéro d'ordre pour la visite de la douane.

Les familles étaient assemblées dans les salons, les enfants habillés, les mamans tirées à quatre épingles, les femmes de chambre surveillant les bagages à main, les nounous bichonnant le petit trésor qui leur était confié, les papas compulsant une dernière fois leur portefeuille pour voir s'ils avaient bien tous leurs papiers en ordre : passeport, feuilles de débarquement, déclarations. D'autres payaient leur note, distribuaient les pourboires au personnel hôtelier, garçons de cabines, maîtres d'hôtel empressés, serveurs. Des couples dansaient au bar. On buvait du champagne. On prenait congé.

L'orchestre du bord jouait un dernier tango quand on vint signaler à la passerelle une avarie dans les turbines. Il faisait un calme plat. Le temps était radieux. Il était entre 10 et 11 heures du matin. On n'était plus qu'à une douzaine, une quinzaine de milles de Rio de Janeiro. La côte était en vue. On était entouré d'une dizaine, d'une douzaine de navires qui tous pointaient vers le port, venant de tous les angles du cadran. Le commandant ne pouvait pas croire à l'imminence du danger. Une turbine tournait encore. On prendrait du retard, certes, et c'était ennuyeux, mais il était convaincu de pouvoir conduire son beau navire à bon port et de ne pas rater son entrée, à toute petite allure mais sans avoir eu besoin d'avoir recours à l'aide de personne, ce qui est un point d'honneur pour un marin. Et ce fut la catastrophe. Soudain, des torrents d'eau envahirent les fonds, noyèrent les chaudières, et le transatlantique prit immédiatement une gîte dangereuse.

Et ce fut la panique, une panique qui dura jusqu'à 5 heures du soir, allant crescendo, dépassant toutes les bornes du crime et de l'horreur tant que le navire flottait et jusqu'à ce qu'il sombrât en se retournant sur lui-même et glissât par la poupe dans l'abîme. Par un entêtement imbécile qui lui obnubilait l'esprit, le commandant n'avait pas envoyé un SOS aux autorités du port si proche ni même un sans-fil à l'agent général de la compagnie pour lui demander l'aide d'un remorqueur, de même qu'il avait refusé jusqu'à la dernière minute toutes les offres de secours qui lui avaient été adressées par les navires qui l'entouraient et qui s'étaient insensiblement rapprochés du sien, se tenant toute la journée à sa hauteur, prêts à intervenir.

À la fin de la tragédie, quand ils purent enfin mettre leurs canots à la mer, il était trop tard. Ceux des passagers qui n'avaient pas été assassinés ou mutilés par la ruée des soutiers fous de terreur, une équipe de sidis et des lascars embauchés au petit bonheur à la suite d'une grève, qui s'étaient mis à piller les bagages, à couper des doigts et des oreilles, à égorger ou à éventrer pour s'emparer des bijoux que les femmes portaient au cou ou de l'argent qu'elles pouvaient dissimuler dans leur ceinture. Ceux qui sautaient à l'eau étaient dévorés par les requins. La surface de la mer était rouge de sang.

Il y eut des centaines de morts et quelques rares rescapés, un canot ou deux, parmi lesquels la comtesse Starosta. Dès le début de la panique, elle s'était adossée au grand mât, les deux bras noués en arrière, faisant face au danger, le buste offert, les yeux fixés sur un point du ciel, ne voyant rien des horreurs qui se perpétraient autour d'elle, clamant son acte de foi comme un défi :

– Au nom du Saint-Esprit, que le Père et le Fils fassent un miracle de vie !

Et elle s'était sentie frappée au ventre et, quand on l'avait tirée de l'eau, elle était paralysée des deux jambes, des hanches à la cheville, au talon et jusqu'au fin bout des orteils. Les psychiatres attribuaient la paralysie à une commotion du cerveau, mais la comtesse n'y croyait pas :

– C'est le froid qui m'a saisie, disait-elle. Je suis Russe. Je connais les méfaits du froid. Je ne veux pas retourner dans mon pays d'origine. Laissez-moi vivre ici. Je veux guérir. Et un jour je retournerai au Ciel qui est ma véritable patrie. Ça sera un deuxième prodige. Je fais tout pour le provoquer. Je le veux...

III

Je reçois à l'instant une lettre par avion m'annonçant la mort de la comtesse Starosta, à Rio ; selon ce que l'on me laisse entendre, elle ne serait pas morte en odeur de sainteté, malgré ses efforts, sa foi et ce qu'elle avait cru être ou devenir :

« ... C'était le jour de la Noël. Elle était étendue dans son hamac accroché devant cette fenêtre d'angle que vous connaissez bien et par laquelle on serait tenté de se jeter, sinon de sortir du *Gloria* pour entrer tout droit en paradis. Rassurez-vous, notre chère comtesse ne s'est pas suicidée. Mais cela n'allait pas du tout et elle se sentait faiblir. À un moment donné, elle se découvrit le ventre, l'exposa en pleine lumière et murmura imperceptiblement : “ Au nom du Saint-Esprit, que le soleil me fasse fondre ! Je me sens glacée... Regardez... je m'envole !... ” Tout le monde avait les yeux fixés sur la fenêtre ouverte ; si la pauvre avait eu une âme, même aussi fragile et translucide qu'un flocon de neige de son pays, tout le monde l'aurait vue passer, ou tomber dans le vide, ou monter au ciel, car chacun de nous s'attendait à un miracle, depuis le temps qu'elle nous avait ensorcelés. Mais le ciel resta désespérément vide. Il ne bougea même pas une ombre, pas un semblant. Pas un duvet d'oiseau ne voltigeait dans le gouffre, ni aucune plume de colibri ou de vautour. Il ne manquait pas un papillon dans les cadres. Tout le monde a pu le constater. Nous étions plus de trente témoins, dont mon frère Oswaldo et moi – Yan. »

IV

Une autre année, une autre femme vint mettre en péril les habitudes des sybarites qui demeurent en permanence à l'hôtel *Gloria*.

C'était une certaine baronne de La Verrière, qui passait pour être l'épouse du plus riche banquier de Vienne (Autriche).

C'était une grande bringue blonde, très maigre et très frileuse qui, sur ordre de son médecin, était venue passer la Noël à Rio de Janeiro pour avoir chaud.

Dès le soir de son arrivée, la dame avait révolutionné l'hôtel, faisant arrêter les ventilateurs, fermer les fenêtres de la mezzanine, installer des radiateurs électriques dans tous les coins du bar, dresser des paravents autour de la table où elle se tenait, en cache-nez, une fourrure sur le dos, les pieds sur une chaufferette, piaillant comme une perruche hystérique quand quelqu'un laissait une porte ouverte, réclamant chandails et couvertures chaque fois qu'elle changeait de table, de cosy-corner, de salon, portant sur les nerfs des joueurs de bridge ou de canasta et qui ne pipaient mot, trop galants pour protester, mais qui vouaient cette femme à tous les diables, suant, fondant, trempant leurs grands smokings blancs amidonnés, s'épongeant, s'éventant avec leurs cartes à jouer, les jetons collant aux doigts.

On avait surnommé la créature la Vénus aux fourrures, et heureusement que la névropathe déguerpit avant que la semaine fût écoulée, juste à la veille de la Noël, sur un câble de son médecin qui lui enjoignait de se rendre à Djibouti, après enquête, la place la plus chaude du globe... Et c'est alors qu'on apprit avec stupeur que l'homme effacé qui l'accompagnait, qui ne disait jamais rien, qui attendait patiemment sur une chaise, les bras embarrassés de fichus, de lainages, de plaids, de couvertures et de manteaux, et qui sur un caprice de sa compagne se précipitait à genoux pour lui passer des snow-boots fourrés, n'était personne d'autre que le fameux A.-J. Mayer, le roi du marché parallèle en Bourse, un des plus dangereux requins des finances internationales. Tout le monde l'avait pris pour le chauffeur de la dame excentrique.

1952.

V

L'œil est-il à droite ou à gauche de la main ?

À la mémoire de Sam Putnam.

L'œil est-il à droite ou à gauche de la main ? demande un proverbe nègre.

C'est la lunette que j'emploie pour juger des choses du Brésil, car il y faut un peu de magie.

Par exemple :

Ici, à Rio, les feuilles ne sont pas caduques et la Noël tombe en plein été austral.

– Avez-vous remarqué, Cendrars, que les gratte-ciel d'ici n'ont pas de cheminées ? me demandait Samuel Putnam, un universitaire de Chicago, venu prendre une vue d'ensemble de la littérature brésilienne pour mieux la situer dans le panorama de l'histoire littéraire des trois Amériques, et que cette absence de cheminées turlupinait et désorientait…

La remarque était pertinente. Nous buvions un whisky sur le *roof-garden* de l'hôtel *Gloria* (*« Gloria in excelsis ! »* disais-je en trinquant, tellement j'étais heureux d'être une fois de plus à Rio pour la Noël) ; et de là-haut nous dominions tous les toits de la cité moderne. En effet, aucune cheminée ne salissait le paysage de la baie de Guanabarà, qui réfléchissait les immensités bleues de son ciel et de ses montagnes de lumière, et, au contraire de ceux de New York ou de Chicago, aucun des gratte-ciel de Rio de Janeiro n'était empanaché d'un nuage de suie ou d'un jet continu de vapeur. La ville était plantée là, une capitale orgueilleuse, un décor abstrait.

– Alors, qu'est-ce que vous en concluez ? demandai-je à Sam.

– Je ne sais pas, me répondit-il. Dois-je conclure que la théorie de Taine de l'influence du décor, de l'habitat, de la nature, de l'ambiance géographique sur la littérature nationale d'un peuple est fausse ou périmée, ou dois-je considérer le manque d'une philosophie spécifiquement brésilienne dans le phénomène de la production littéraire de cette nation comme un effet du climat ? Le

Brésilien n'a pas besoin de chaleur artificielle. Il ne médite pas au coin du feu. Il fait la sieste. Ce qui explique sa crédulité, son manque de ressort, ses visions, son infantilisme, etc.

Tout cela n'expliquait rien du tout, et je ne suivais pas le raisonnement de mon ami, un *scholar* typique des USA, féru de logique. Comme nous étions aux approches de Noël, son observation originale me faisait penser aux gosses de Rio, aux gosses des riches qui ne peuvent mettre leurs chaussures dans la cheminée, faute de cheminées dans les gratte-ciel résidentiels du bord de l'eau ; aux gosses des pauvres, ceux des proches et des lointaines banlieues maritimes, ainsi que ceux des *favellas*, cette sauvagerie en pleine vie, qui ont du feu, certes, un feu primitif qui couve sous la cendre dans les cahutes les plus misérables, au sommet des mornes de la capitale comme dans la brousse perdue de l'hinterland, je pensais aux pauvres qui ont du feu à la maison, mais ne peuvent exposer leurs chaussures, car ils n'ont pas de chaussures...

Le problème du chauffage ne se pose donc pas. Tout le monde va pieds nus. Tout le monde est à la joie.

Tant crie-t-on Noël qu'il vient !

Et, à Rio, il vient au cœur de l'été.

*

Sam est mort l'autre année sans conclure, mais il y avait quelque chose dans sa thèse restée inédite. Quoi ? Je ne sais pas au juste. Une idée...

Mais on n'a pas idée de venir à Rio pour y exposer des idées. Il y fait si bon vivre. Le simple fait d'exister est un véritable bonheur... Depuis, je me méfie de la logique.

Noël, 1963.

Extrait de *Trop, c'est trop*.

ANTOINE BLONDIN

Les Compagnons de la dernière heure

À la Puerta del Sol, la porte du Soleil, les Madrilènes naïfs et quelques provinciaux se récapitulent, la veille de Noël, pour entendre sonner minuit à l'horloge monumentale des bâtiments de la Sécurité générale. Une légende promet qu'une année ou l'autre la grosse boule en or qui lui sert de contrepoids tombera sur la place ; les plus agiles se la disputeront, le plus fort l'emportera. La fable ajoute que cet événement marquera le début d'une ère évangélique où les valets se substitueront aux maîtres et où les premiers seront les derniers, vieille balançoire attachée à un vieux balancier. La foule qui déambule en mangeant des crevettes grillées n'y croit plus beaucoup depuis le Moyen Âge, mais enfin il y a là prétexte à un frisson d'espérance, et le miracle équivoque d'une rupture de câble reste toujours à envisager. Au ras du trottoir, les yeux brillants des détenus portés aux soupiraux s'écarquillent, eux aussi, dans l'attente du soleil de minuit.

Ce soir-là, vers dix heures, une automobile américaine déposa devant le perron de la Sécurité un homme de haute allure enveloppé dans une cape d'apparat. Au mouvement qu'il fit d'un poignet scintillant pour éloigner les aveugles pressés de lui vendre un billet de loterie, on reconnut qu'il portait le boléro de satin et le plastron à jabot des seigneurs andalous. Il pouvait être âgé d'une cinquantaine d'années, et son visage assez noblement fripé conservait les reflets d'une jeunesse douteuse, qui le désignaient autant pour le caprice que pour l'autorité. S'étant présenté à une sentinelle, il en reçut des honneurs chaleureux et s'engagea par une porte secondaire dans une cour intérieure où sommeillait une meute de fourgons cellulaires qu'il contourna sur ses talonnettes précises. Grand d'Espagne, le marquis d'Altamira jouissait du privilège d'entrer à cheval dans les églises et à pied dans les prisons.

Négligeant l'aile réservée à l'administration, il poursuivit jusqu'à une coursive sinistre, descendit quelques marches et aboutit devant une manière de corps de garde où des carabiniers trompaient le temps en roulant les dés dans leurs bicornes en cuir bouilli. Dans ce poste de police, des chaussures fortement cloutées fumaient avec impatience devant la cheminée dans l'attente d'on ne sait quel prodige. Au bruit de son nom, un murmure flatteur monta vers le marquis, justifié par sa forme de retentissement mondial, l'influence qu'il exerçait sur les affaires espagnoles et une réputation de séducteur à faire pâlir le torero le plus livide. Nul n'ignorait qu'il était apparenté à l'archevêque de Tolède, ni que ses trois filles, ayant depuis belle lurette jeté leur bonnet par-dessus les frontières, se trouvaient périodiquement fiancées à des joueurs de tennis ou à des princes hindous. Le marquis dut couper court aux effusions de respect exaltées par des prestiges aussi disparates.

– Comment est le condamné ? demanda-t-il.

– Il est énorme, Votre Excellence… Énorme et affreux.

– C'est bon, dit simplement le marquis, allons-y.

Le ton dégageait une telle détermination que l'admiration redoubla dans la petite garnison. On n'entend d'aussi sobres propos que dans les arènes.

– Que Votre Excellence veuille prendre patience, dit le chef, le condamné fait sa toilette.

– Par la Vierge ! Vous ne prétendez pas qu'on va l'exécuter le jour de la Nativité !

– Nullement, Votre Excellence, après-demain seulement… mais l'homme, dès qu'il a été prévenu de votre visite, a exigé la douche et le barbier, du linge propre, paraît-il, et croyez-moi, ça n'était pas superflu.

– La chose est étrange, dit le marquis. D'autant plus qu'il a refusé systématiquement la moindre douceur parmi tous les cadeaux dont j'avais demandé au gouverneur de lui soumettre la liste. Dès lors, j'escomptais bien qu'il ne me retiendrait pas trop tard. La marquise reçoit quelques personnes de qualité dans notre maison et, si j'avais pu les rejoindre avant la fin de la nuit, j'aurais doublement accompli ma soirée en remplissant mon devoir et en assurant mon plaisir.

– Votre Excellence se souvient-elle du vampire de Burgos ?

– Le vampire ? Il m'avait demandé de lui apporter un kilo de caviar et en mangeait encore lorsqu'il marcha vers le supplice. Je l'accompagnai, selon son vœu, pour lui tendre la boîte que ses pauvres mains entravées ne pouvaient plus tenir.

– Se souvient-elle aussi du boucher d'Avila ?

– Celui-là m'obligea à jouer aux tarots jusqu'à l'aube et, sous le prétexte aberrant que je trichais pour le laisser gagner, il faillit m'ouvrir la tête avec la bouteille de champagne qu'on m'avait autorisé à lui apporter.

– Rafaël Saenz est encore d'une autre trempe, murmura le gardien.

Le marquis d'Altamira s'affermit en ramenant dignement les plis de sa cape qui portait au revers le signe flamboyant de l'ordre des « Compagnons de la dernière heure ». Le luxe, l'oisiveté, le péché qu'ils engendrent, étaient loin d'avoir aboli en lui le souci chrétien, surtout les jours de fêtes carillonnées.

Ces grands d'Espagne passent agilement du boudoir au confessionnal, de la taverne à la sainte table, de l'orgie à la pénitence. Peu après la guerre civile, certains avaient cru prendre une option sur leur salut en instituant une congrégation de nobles drilles, au repentir intermittent, dont la mission la plus louable consistait à passer la nuit qui précède les exécutions capitales dans la cellule des condamnés à mort et à les assister du mieux en satisfaisant sans restrictions leurs dernières volontés. La nouvelle génération des « Compagnons de la dernière heure », plus ardente à proportion qu'elle se sentait plus corrompue par l'accélération de l'histoire, venait de décider qu'un membre désigné par roulement partagerait désormais avec les criminels d'une notable envergure les soirs de réveillons et de réjouissances nationales, dans un état de renoncement absolu. En emboîtant le pas au geôlier qui le conduisait au cachot, le marquis d'Altamira, privé de jerez et de tapas, éprouvait assez exactement le sentiment de gagner son ciel et celui de ses amis.

Cependant, Rafaël Saenz achevait ses ablutions avec les moyens du bord. Il provoquait une impression de force colossale, malgré son poil grisonnant et les fanons émouvants qui commençaient à lui pendre au menton. C'était la brute intégrale avec une petite lueur dans l'œil mais si fugitive qu'on ne la remarquait pas. Dans un pays où le fait divers n'est pas monnaie courante, il s'était signalé à l'attention en attaquant un fourgon postal, tuant quatre ou cinq gardes civils, et se trouvait, de ce fait, promis au garrot ordinaire, qui ne laisse aucune chance au patient. Au cours du procès, on avait suggéré à mots couverts qu'il avait des mœurs spéciales, mais la tournure élémentaire de son caractère donnait à en douter. Il restait certain que la captivité ne lui pesait guère et que cet homme qui marchait à la mort en roulant des épaules, comme on se fraye un chemin, était apparemment sans appétits ni soifs annexes. Quand la porte s'ouvrit, il était occupé à se peigner devant un éclat de miroir.

Le marquis s'avança dans la mince clarté d'une ampoule grillagée et esquissa un geste à l'adresse du gardien. Par tradition d'humanité, les « Compagnons de la dernière heure » exigeaient qu'on les laissât tête à tête avec les détenus.

– De toute façon, Votre Excellence, nous ne sommes pas loin, lança le gardien en verrouillant la porte, elle peut toujours appeler. Et joyeux Noël !

Rafaël Saenz consentit alors à dévisager le visiteur qui commençait déjà à l'entreprendre sur son âme.

– Mon ami, disait-il, je ne suis ici que pour vous accompagner sur le terrain où vous me conduirez, pour vous accorder sans restrictions ce que vous me demanderez. Je suis le serviteur du voyageur qui va rejoindre Dieu.

– Le marquis à mon service ! j'aurai donc vécu assez vieux pour voir ça, ricana Rafaël Saenz. Allons, si je comprends bien, vous ne me reconnaissez pas… Eh bien, je suis Rafaël, votre ancien chauffeur… Et nous sommes enfermés tous les deux.

Un profond travail se fit dans la mémoire du marquis, cheminement évasif qui obliqua soudain vers la curiosité. Dans cet Hercule chenu, qui l'observait d'un œil étroit, il voyait resurgir la silhouette déliée d'une gouape habile de ses mains, sorte de prince des garages qu'un adolescent, qui n'était autre que lui-même, honorait de sa ferveur. À cette évocation, une onde de chaleur se propagea sur ses pommettes, il se rappela le crépuscule où cet inférieur qui le dominait délicieusement lui avait offert une rose piquée dans un pot d'échappement… Vers 1930, après une scène effroyable où il avait été question de carburateurs et de couteaux à cran d'arrêt, le duc d'Altamira, son père, un pionnier de l'automobile pourtant, avait dû se résoudre à se passer de ce mécanicien mirobolant qui prenait une place exagérée dans la maison et dans l'esprit de ses enfants. Depuis, on n'avait plus entendu parler de lui, mais il avait exercé longtemps une menace d'épouvantail sur les membres de la famille et on lui imputait obscurément toutes les avanies qui affectaient leurs domaines d'Andalousie et de Castille.

– Rafaël, articula le marquis, Rafaël toute la nuit !

– Vous étiez un beau petit jeune homme, autrefois, dit tranquillement la brute. Dieu sait que j'ai espéré souvent cette minute. Nous y voilà… Un peu tard, mais nous y sommes.

– Le duc est mort, prévint précipitamment le marquis pour signifier que toute vengeance devait s'éteindre de ce chef.

– Je sais, fit l'autre en avançant d'un pas, je ne vous ai guère perdu de vue, tous tant que vous êtes. Votre Excellence surtout… Elle est toujours belle.

– Qui ça ?

– Votre Excellence, parbleu !

– Vous êtes fou.

– C'est vous qui êtes folle, Excellence très chère… Mais voyez comme elle se trouble, comme elle tremble…

Du coup, le marquis se recula vers un angle de la cellule, la sueur au front. Il commençait à entrevoir que la condition de « Compagnon de la dernière heure » peut prendre une saveur saumâtre. Là-bas, derrière d'autres grilles, en fer forgé celles-là, ses invités enflammés par la sangria devaient amorcer des intrigues délicates dans un concours de compliments d'une préciosité exquise.

– Elle sait qu'elle ne peut rien me refuser, Son Excellence, jusqu'à mes moindres désirs... Et le désir que j'ai de sa bouche n'est pas des moindres.

En cet instant, le faciès de Rafaël atteignit au sommet du cynisme. Un formidable silence coula entre les murs. Insoutenable. Le marquis, partagé entre la servitude attachée à son serment et l'horreur de ce qui pouvait en découler, était en train de se demander s'il n'était pas en état de légitime défense, quand brusquement le colosse rompit. Sur son visage, le mauvais sourire fit place à un soupçon d'anxiété, faiblement rougissant.

– Mais vous pouvez encore vous en tirer, reprit-il à mots plus familiers, presque timides. C'est en quelque sorte un marché... Si je sais tout de vous, je suis sans nouvelles de la voiture depuis quarante ans. Qu'est-elle devenue ?

– La voiture ! Quelle voiture ? Nous en avons cinq, répondit le marquis en reprenant de la hauteur.

– Le coupé Panhard et Levassor que nous avions reconstitué pièce par pièce, Monsieur le duc et moi... Moteur Daimler, quatre temps... Cycle Bau de Rochas...

– Ah ! le tacot, fit le marquis avec légèreté. Je suis en mesure de vous dire qu'il se porte bien.

Le condamné baissa son petit œil aigu, joignit les paumes pour la prière, les rouvrit pour témoigner de son ingénuité.

– Votre Excellence, dit-il dans un souffle, je voudrais le revoir une dernière fois avant de mourir.

– Vous perdez la tête, mon ami, ce véhicule est dans je ne sais quel arrière-patio ; il est monté sur bandages ; il est...

– Votre Excellence, je suis l'homme d'une seule passion. Si vous êtes l'homme d'une seule parole, amenez-moi ce chef-d'œuvre.

– Je ne peux quand même pas l'introduire dans votre prison, fût-ce un soir de Noël !... Demandez-moi n'importe quoi...

– N'importe quoi ? souligna Rafaël Saenz en réajustant son mauvais sourire.

– Enfin non, bien sûr, mais surtout pas une automobile.

– Il vous suffira de la conduire sur la place, dit la brute qui baignait à ce moment dans une lumière suave. Vous la ferez manœuvrer et moi je vous regarderai par là…

Il indiquait un soupirail, plutôt une sorte de profonde meurtrière en forme de cheminée oblique, dont la pente laissait apercevoir les feux de la Puerta del Sol.

– Vous serez aimable d'actionner la trompe, ajouta-t-il, ainsi je serai prévenu de votre passage et je ferai davantage attention. Vous la reconnaîtrez facilement, elle a la forme d'une poire. Méfiez-vous de la boîte de vitesses, elle est à crémaillère.

Durant quelques minutes, le sens du ridicule livra un rude assaut à la conscience du marquis. Néanmoins, après un débat orageux, il se résigna, la mort dans l'âme, à se faire reconduire chez lui où il pénétra sur la pointe des pieds.

Le palais s'embrasait pour la fête, et c'est en jouant à la marelle entre d'immenses rectangles de clarté que le marquis parvint aux écuries où était remisé le tacot. Celui-ci était vraiment une machine antédiluvienne avec des lanternes, un dais à pompons, un volant horizontal et plat. À sa grande surprise, elle partit au quart de tour de manivelle, réduisant à néant le dernier espoir qui lui demeurait de se retrouver délié de son serment. Le moteur s'en donnait à cœur joie, étouffant le son des guitares qu'on décortiquait du côté des salons. Pris d'une vague panique, le marquis décrocha une vieille peau de bique qui pendait à un clou depuis de longues années et fit l'abandon de sa cape d'apparat. De grosses lunettes et une casquette de chauffeur de maître devaient achever de dérober ses traits. « C'est l'ancienne livrée de Rafaël que je porte là », se dit-il en franchissant le porche de service dans un nuage de poussière, et pour la première fois un sourire détendit ses lèvres fatiguées. Somme toute, il s'en tirait à son honneur.

Jusqu'au Paseo de Castellana, le hasard voulut qu'il ne rencontrât personne. Mais, à partir de la Gran Via, un cortège d'étudiants à pourpoints de velours et rubans, grossi à chaque carrefour d'un affluent de curieux, commença à lui faire escorte dans le crépitement des mandolines. La foule toujours plus dense aux abords de la Puerta del Sol l'empêchait de distancer ses poursuivants auxquels se mêlaient maintenant des chiens qui aboyaient. On le traitait de paysan, de fauché, de rigolo, et il se prit à envisager l'aubaine d'une panne sèche qui le dispenserait de persévérer plus avant dans son calvaire. Il enregistra que son subconscient avait négligé de faire le plein, sans bien se rendre compte qu'il trichait avec la gageure, mais le plein de quoi ?...

Au demeurant, les choses tournaient rond et il se retrouva bientôt à tourner lui-même sur la place pour passer dans le champ visuel de Rafaël Saenz, poussant le scrupule, non dépourvu de courage, jusqu'à corner frénétiquement aux endroits convenus. Un tumulte de quolibets répondit à la trompe, mais il fut payé en retour par l'image d'une main lointaine, blanche colombe derrière les barreaux d'une cage, qui lui faisait signe de continuer. Il entama donc un second tour et le parapha d'une assez jolie marche arrière qui manqua lui valoir d'être lynché, puis un troisième où il faillit faucher une file d'aveugles et de stropiats. Une heure plus tard, il tournait toujours ; ce carburant old-fashion s'avérait inusable ; autour de lui, l'émeute grondait.

Ayant gémi et prié à l'abri de son masque, le marquis imagina enfin d'abréger son tourment, en arrachant casquette, lunettes et peau de bique :

– Arrière ! tonna-t-il, ne voyez-vous pas à qui vous avez affaire ?

Le résultat passa ses prévisions et il fut immédiatement reconnu, si bien que la foule se referma devant ses roues en hurlant :

– Le marquis d'Altamira !... Le marquis s'est fait chauffeur !... Noël ! Si les marquis se font chauffeurs, c'est que les temps sont venus !

Et comme minuit allait sonner, chacun se rua vers la façade de la Sécurité générale.

À l'intérieur, ce fut un farouche soulèvement que les carabiniers parvinrent à endiguer à coups de crosses, après des bagarres qui se prolongèrent jusqu'à l'aube. Contre toute attente, Rafaël Saenz, prisonnier sans espoir, n'avait pas bronché.

Au petit matin, les gardiens le trouvèrent juché sur un escabeau, les doigts agrippés aux barreaux de sa lucarne, le cou dévissé, et ils crurent qu'il s'était pendu. On s'aperçut qu'il somnolait seulement, dans une extase délicieuse, et il fallut bien l'en féliciter. Puis, le métier reprenant ses droits, on lui demanda ce qu'il fabriquait en pareille posture.

– Regardez dans ma cheminée, dit-il avec une douceur qu'on ne lui avait jamais connue.

Sur la place déserte de la Puerta del Sol, exactement cerné dans l'objectif dessiné par l'échancrure du soupirail, isolé dans la splendeur d'un jeune soleil, le vieux tacot trônait à l'abandon, ruisselant de tous ses ors, qui étaient peut-être des cuivres. La panne sèche avait fini par le déposer là, à bout portant, trop loin quand même, comme ces jouets qu'on offre aux enfants atteints d'une maladie incurable en sachant très bien qu'ils ne pourront jamais s'en servir. Mais leurs yeux aiment à s'y poser et retrouvent cette eau calme où se reflète un cœur accordé à ses vœux.

Extrait de *Quat' saisons.*

Clément Marot

Du jour de Noël

Or est Noël venu son petit trac
Sus donc aux champs, bergères de respect :
Prenons chacun panetière, et bissac,
Flûte, flageol, cornemuse, et rebec :
Ores n'est pas temps de clore le bec,
Chantons, sautons, et dansons ric à ric :
Puis allons voir l'enfant au pauvre nic,
Tant exalté d'Helye, aussi d'Enoc,
Et adoré de maint grand roy, et duc :
S'on nous dit nac, il faudra dire noc :
Chantons Noël tant au soir, qu'au desjucq.

Colin, Georget, et toi Margot du Clac
Écoute un peu, et ne dors plus illec :
N'a pas longtemps sommeillant près d'un lac
Me fut avis, qu'en ce grand chemin sec
Un jeune enfant se combattait avec
Un grand serpent, et dangereux aspic :
Mais l'enfanteau en moins de dire pic,
D'une grande croix lui donna si grand choc,

Qu'il l'abattit, et lui cassa le sucq.
Garde n'avait de dire en ce défroc
Chantons Noël tant au soir, qu'au desjucq.

Quand je l'ouïs frapper et tic et tac,
Et lui donner si merveilleux échec,
L'ange me dit, d'un joyeux estomac,
Chante Noël, en français, ou en grec,
Et de chagrin ne donne plus un zec,
Car le serpent a été pris au bric :
Lors m'éveillai, et comme fantastic
Tous mes troupeaux je laissai près un roc.
Si m'en allai plus fier qu'un archiduc
En Bethléem, Robin, Gaultier, et Roch,
Chantons Noël tant au soir, qu'au desjucq.

Prince dévot, souverain catholique,
Sa maison n'est de pierre, ni de brique.
Car tous les vents y soufflent à grand floc :
Et qu'ainsi soit, demandez à saint Luc.
Sus donc avant pendons souci au croc,
Chantons Noël tant au soir, qu'au desjucq.

Extrait de *L'Adolescence clémentine.*

ALPHONSE DAUDET

Les trois messes basses

I

– Deux dindes truffées, Garrigou ?…

– Oui, mon révérend, deux dindes magnifiques bourrées de truffes. J'en sais quelque chose, puisque c'est moi qui ai aidé à les remplir. On aurait dit que leur peau allait craquer en rôtissant, tellement elle était tendue…

– Jésus, Maria ! moi qui aime tant les truffes… Donne-moi vite mon surplis, Garrigou… Et avec les dindes, qu'est-ce que tu as encore aperçu à la cuisine ?…

– Oh ! toutes sortes de bonnes choses… Depuis midi nous n'avons fait que plumer des faisans, des huppes, des gélinottes, des coqs de bruyère. La plume en volait partout… Puis de l'étang on a apporté des anguilles, des carpes dorées, des truites, des…

– Grosses comment, les truites, Garrigou ?

– Grosses comme ça, mon révérend… Énormes !…

– Oh ! Dieu, il me semble que je les vois… As-tu mis le vin dans les burettes ?

– Oui, mon révérend, j'ai mis le vin dans les burettes... Mais dame ! il ne vaut pas celui que vous boirez tout à l'heure en sortant de la messe de minuit. Si vous voyiez cela dans la salle à manger du château, toutes ces carafes qui flambent pleines de vins de toutes les couleurs... Et la vaisselle d'argent, les surtouts ciselés, les fleurs, les candélabres !... Jamais il ne se sera vu un réveillon pareil. Monsieur le marquis a invité tous les seigneurs du voisinage. Vous serez au moins quarante à table, sans compter le bailli ni le tabellion... Ah ! vous êtes bien heureux d'en être, mon révérend !... Rien que d'avoir flairé ces belles dindes, l'odeur des truffes me suit partout... Meuh !...

– Allons, allons, mon enfant. Gardons-nous du péché de gourmandise, surtout la nuit de la Nativité... Va bien vite allumer les cierges et sonner le premier coup de la messe ; car voilà que minuit est proche, et il ne faut pas nous mettre en retard...

Cette conversation se tenait une nuit de Noël de l'an de grâce mil six cent et tant, entre le révérend dom Balaguère, ancien prieur des Barnabites, présentement chapelain gagé des sires de Trinquelague, et son petit clerc Garrigou, ou du moins ce qu'il croyait être le petit clerc Garrigou, car vous savez que le diable, ce soir-là, avait pris la face ronde et les traits indécis du jeune sacristain pour mieux induire le révérend père en tentation et lui faire commettre un épouvantable péché de gourmandise. Donc, pendant que le soi-disant Garrigou (hum ! hum !) faisait à tour de bras carillonner les cloches de la chapelle seigneuriale, le révérend achevait de revêtir sa chasuble dans la petite sacristie du château ; et, l'esprit déjà troublé par toutes ces descriptions gastronomiques, il se répétait à lui-même en s'habillant :

– Des dindes rôties... des carpes dorées... des truites grosses comme ça !...

Dehors, le vent de la nuit soufflait, éparpillant la musique des cloches, et, à mesure, des lumières apparaissaient dans l'ombre aux flancs du mont Ventoux, en haut duquel s'élevaient les vieilles tours de Trinquelague. C'étaient des familles de métayers qui venaient entendre la messe de minuit au château. Ils grimpaient la côte en chantant par groupes de cinq ou six, le père en avant, la lanterne en main, les femmes enveloppées dans leurs grandes mantes brunes où les enfants se serraient et s'abritaient. Malgré l'heure et le froid, tout ce brave peuple marchait allègrement, soutenu par l'idée qu'au sortir de la messe il y aurait, comme tous les ans, table mise pour eux en bas dans les cuisines. De temps en temps, sur la rude montée, le carrosse d'un seigneur, précédé de porteurs de torches, faisait miroiter ses glaces au clair de lune, ou bien une mule trottait en agitant ses sonnailles, et, à la lueur des falots enveloppés de brume, les métayers reconnaissaient leur bailli et le saluaient au passage :

– Bonsoir, bonsoir, maître Arnoton !

– Bonsoir, bonsoir, mes enfants !

La nuit était claire, les étoiles avivées de froid ; la bise piquait, et un fin grésil, glissant sur les vêtements sans les mouiller, gardait fidèlement la tradition des Noëls blancs de neige. Tout en haut de la côte, le château apparaissait comme le but, avec sa masse énorme de tours, de pignons, le clocher de sa chapelle montant dans le ciel bleu noir, et une foule de petites lumières qui clignotaient, allaient, venaient, s'agitaient à toutes les fenêtres, et ressemblaient, sur le fond sombre du bâtiment, aux étincelles courant dans des cendres de papier brûlé... Passé le pont-levis et la poterne, il fallait, pour se rendre à la chapelle, traverser la première cour, pleine de carrosses, de valets, de chaises à porteurs, toute claire du feu des torches et de la flambée des cuisines. On entendait le tintement des tournebroches, le fracas des casseroles, le choc des cristaux et de l'argenterie remués dans les apprêts d'un repas ; par là-dessus, une vapeur tiède, qui sentait bon les chairs rôties et les herbes fortes des sauces compliquées, faisait dire aux métayers, comme au chapelain, comme au bailli, comme à tout le monde :

– Quel bon réveillon nous allons faire après la messe !

II

Drelindin din !... Drelindin din !...

C'est la messe de minuit qui commence. Dans la chapelle du château, une cathédrale en miniature, aux arceaux entrecroisés, aux boiseries de chêne montant jusqu'à hauteur des murs, les tapisseries ont été tendues, tous les cierges allumés. Et que de monde ! Et que de toilettes ! Voici d'abord, assis dans les stalles sculptées qui entourent le chœur, le sire de Trinquelague, en habit de taffetas saumon, et près de lui tous les nobles seigneurs invités. En face, sur des prie-Dieu garnis de velours, ont pris place la vieille marquise douairière dans sa robe de brocart couleur de feu, et la jeune dame de Trinquelague, coiffée d'une haute tour de dentelle gaufrée à la dernière mode de la cour de France. Plus bas on voit, vêtus de noir avec de vastes perruques en pointe et des visages rasés, le bailli Thomas Arnoton et le tabellion maître Ambroy, deux notes graves parmi les soies voyantes et les damas brochés. Puis viennent les gras majordomes, les pages, les piqueurs, les intendants, dame Barbe, toutes ces clés pendues sur le côté à un clavier d'argent fin. Au fond, sur les bancs, c'est le bas office, les servantes, les métayers avec leurs familles, et enfin, là-bas, tout contre la porte qu'ils entrouvrent et referment discrètement, messieurs les marmitons qui viennent entre deux sauces prendre un petit air de messe et apporter une odeur de réveillon dans l'église tout en fête et tiède de tant de cierges allumés.

Est-ce la vue de ces petites barrettes blanches qui donne des distractions à l'officiant ? Ne serait-ce pas plutôt la sonnette de Garrigou, cette enragée petite sonnette qui s'agite au pied de l'autel avec une précipitation infernale et semble dire tout le temps :

– Dépêchons-nous, dépêchons-nous… Plus tôt nous aurons fini, plus tôt nous serons à table.

Le fait est que, chaque fois qu'elle tinte, cette sonnette du diable, le chapelain oublie sa messe et ne pense plus qu'au réveillon. Il se figure les cuisines en rumeur, les fourneaux où brûle un feu de forge, la buée qui monte des couvercles entrouverts, et dans cette buée deux dindes magnifiques, bourrées, tendues, marbrées de truffes…

Ou bien encore il voit passer des files de petits pages portant des plats enveloppés de vapeurs tentantes, et avec eux il entre dans la grande salle déjà prête pour le festin. Ô délices ! voilà l'immense table toute chargée et flamboyante, les paons habillés de leurs plumes, les faisans écartant leurs ailes mordorées, les flacons couleur de rubis, les pyramides de fruits éclatants parmi les branches vertes, et ces merveilleux poissons dont parlait Garrigou (ah ! bien oui, Garrigou !) étalés sur un lit de fenouil, l'écaille nacrée comme s'ils sortaient de l'eau, avec un bouquet d'herbes odorantes dans leurs narines de monstres. Si vive est la vision de ces merveilles qu'il semble à dom Balaguère que tous ces plats mirifiques sont servis devant lui sur les broderies de la nappe d'autel, et deux ou trois fois, au lieu de *Dominus vobiscum !* il se surprend à dire le *Benedicite.* À part ces légères méprises, le digne homme débite son office très consciencieusement, sans passer une ligne, sans omettre une génuflexion ; et tout marche assez bien jusqu'à la fin de la première messe ; car vous savez que le jour de Noël le même officiant doit célébrer trois messes consécutives.

– Et d'une ! se dit le chapelain avec un soupir de soulagement ; puis, sans perdre une minute, il fait signe à son clerc ou celui qu'il croit être son clerc, et...

Drelindin din !... Drelindin din !

C'est la seconde messe qui commence, et avec elle commence aussi le péché de dom Balaguère. « Vite, vite, dépêchons-nous », lui crie de sa petite voix aigrelette la sonnette de Garrigou, et cette fois le malheureux officiant, tout abandonné au démon de gourmandise, se rue sur le missel et dévore les pages avec l'avidité de son appétit en surexcitation. Frénétiquement il se baisse, se relève, esquisse les signes de croix, les génuflexions, raccourcit tous ses gestes pour avoir plus tôt fini. À peine s'il étend ses bras à l'Évangile, s'il frappe sa poitrine au *Confiteor.* Entre le clerc et lui c'est à qui bredouillera le plus vite. Versets et répons se précipitent, se bousculent. Les mots à moitié prononcés, sans ouvrir la bouche, ce qui prendrait trop de temps, s'achèvent en murmures incompréhensibles.

Oremus ps... ps... ps...

Meâ culpâ... pâ... pâ...

Pareils à des vendangeurs pressés foulant le raisin de la cuve, tous deux barbotent dans le latin de la messe, en envoyant des éclaboussures de tous les côtés.

– *Dom... scum !...* dit Balaguère.

– ... *Stutuo !...* répond Garrigou ; et tout le temps la damnée petite sonnette est là qui tinte à leurs oreilles, comme ces grelots qu'on met aux chevaux de poste pour les faire galoper à la grande vitesse. Pensez que de ce train-là une messe basse est vite expédiée.

– Et de deux ! dit le chapelain tout essoufflé ; puis, sans prendre le temps de respirer, rouge, suant, il dégringole les marches de l'autel et…

Drelindin din !… Drelindin din !…

C'est la troisième messe qui commence. Il n'y a plus que quelques pas à faire pour arriver à la salle à manger ; mais, hélas ! à mesure que le réveillon approche, l'infortuné Balaguère se sent pris d'une folie d'impatience et de gourmandise. Sa vision s'accentue, les carpes dorées, les dindes rôties sont là, là… Il les touche… il les… Oh ! Dieu !… Les plats fument, les vins embaument ; et, secouant son grelot enragé, la petite sonnette lui crie :

– Vite, vite, encore plus vite !…

Mais comment pourrait-il aller plus vite ? Ses lèvres remuent à peine. Il ne prononce plus les mots… À moins de tricher tout à fait le bon Dieu et de lui escamoter sa messe… Et c'est ce qu'il fait, le malheureux !… De tentation en tentation il commence par sauter un verset, puis deux. Puis l'épître est trop longue, il ne la finit pas, effleure l'Évangile, passe devant le *Credo* sans entrer, saute le *Pater,* salue de loin la préface, et par bonds et par élans se précipite ainsi dans la damnation éternelle, toujours suivi de l'infâme Garrigou *(vade retro, Satanas !)* qui le seconde avec une merveilleuse entente, lui relève sa chasuble, tourne les feuillets deux par deux, bouscule les pupitres, renverse les burettes, et sans cesse secoue la petite sonnette de plus en plus fort, de plus en plus vite.

Il faut voir la figure effarée que font tous les assistants ! Obligés de suivre à la mimique du prêtre cette messe dont ils n'entendent pas un mot, les uns se lèvent quand les autres s'agenouillent, s'asseyent quand les autres sont debout ; et toutes les phases de ce singulier office se confondent sur les bancs dans une foule d'attitudes diverses. L'étoile de Noël en route dans les chemins du ciel, là-bas, vers la petite étable, pâlit d'épouvante en voyant cette confusion…

– L'abbé va trop vite… On ne peut pas suivre, murmure la vieille douairière en agitant sa coiffe avec égarement. Maître Arnoton, ses grandes lunettes d'acier sur le nez, cherche dans son paroissien où diantre on peut bien en être. Mais au fond, tous ces braves gens, qui eux aussi pensent à réveillonner, ne sont pas fâchés que la messe aille ce train de poste ; et quand dom Balaguère, la figure rayonnante, se tourne vers l'assistance en criant de toutes ses forces : *Ite, missa est,* il n'y a qu'une voix dans la chapelle pour lui répondre un *Deo gratias* si joyeux, si entraînant, qu'on se croirait déjà à table au premier toast du réveillon.

III

Cinq minutes après, la foule des seigneurs s'asseyait dans la grande salle, le chapelain au milieu d'eux. Le château, illuminé de haut en bas, retentissait de chants, de cris, de rires, de rumeurs ; et le vénérable dom Balaguère plantait sa fourchette dans une aile de gélinotte, noyant le remords de son péché sous des flots de vin du pape et de bons jus de viandes. Tant il but et mangea, le pauvre saint homme, qu'il mourut dans la nuit d'une terrible attaque, sans avoir eu seulement le temps de se repentir ; puis, au matin, il arriva dans le ciel encore tout en rumeur des fêtes de la nuit, et je vous laisse à penser comme il y fut reçu.

– Retire-toi de mes yeux, mauvais chrétien ! lui dit le souverain Juge, notre maître à tous. Ta faute est assez grande pour effacer toute une vie de vertu... Ah ! tu m'as volé une messe de nuit... Eh bien ! tu m'en payeras trois cents en place, et tu n'entreras en paradis que quand tu auras célébré dans ta propre chapelle ces trois cents messes de Noël en présence de tous ceux qui ont péché par ta faute et avec toi...

... Et voilà la vraie légende de dom Balaguère comme on la raconte au pays des olives. Aujourd'hui le château de Trinquelague n'existe plus, mais la chapelle se tient encore droite tout en haut du mont Ventoux, dans un bouquet de chênes verts. Le vent fait battre sa porte disjointe, l'herbe encombre le seuil ; il y a des nids aux angles de l'autel et dans l'embrasure des hautes croisées dont les vitraux coloriés ont disparu depuis longtemps. Cependant il paraît que tous les ans, à Noël, une lumière surnaturelle erre parmi ces ruines, et qu'en allant aux messes et aux réveillons les paysans aperçoivent ce spectre de chapelle éclairé de cierges invisibles qui brûlent au grand air, même sous la neige et le vent. Vous en rirez si vous voulez, mais un vigneron de l'endroit, nommé Garrigue, sans doute un descendant de Garrigou, m'a affirmé qu'un soir de Noël, se trouvant un peu en ribote, il s'était perdu dans la montagne du côté de Trinquelague ; et voici ce qu'il avait vu... Jusqu'à onze heures, rien. Tout était silencieux, éteint, inanimé. Soudain, vers minuit, un carillon sonna tout en haut du clocher, un vieux, vieux carillon qui avait l'air d'être à dix lieues. Bientôt, dans le chemin qui monte, Garrigue vit trembler des feux, s'agiter des ombres indécises. Sous le porche de la chapelle, on marchait, on chuchotait :

– Bonsoir, maître Arnoton !

– Bonsoir, bonsoir, mes enfants !...

Quand tout le monde fut entré, mon vigneron qui était très brave s'approcha doucement, et, regardant par la porte cassée, eut un singulier spectacle. Tous ces gens qu'il avait vus passer étaient rangés autour du chœur, dans la nef en ruine, comme si les anciens bancs existaient encore. De belles dames en brocart avec des coiffes de dentelles, des seigneurs chamarrés du haut en bas, des paysans en jaquettes fleuries ainsi qu'en avaient nos grands-pères, tous l'air vieux, fané, poussiéreux, fatigué. De temps en temps, des oiseaux de nuit, hôtes habituels de la chapelle, réveillés par toutes ces lumières, venaient rôder autour des cierges dont la flamme montait droite et vague comme si elle avait brûlé derrière une gaze ; et ce qui amusait beaucoup Garrigue, c'était un certain personnage à grandes lunettes d'acier, qui secouait à chaque instant sa haute perruque noire sur laquelle un de ces oiseaux se tenait droit tout empêtré en battant silencieusement des ailes...

Dans le fond, un petit vieillard de taille enfantine, à genoux au milieu du chœur, agitait désespérément une sonnette sans grelot et sans voix pendant qu'un prêtre, habillé de vieil or, allait, venait devant l'autel en récitant des oraisons dont on n'entendait pas un mot... Bien sûr c'était dom Balaguère, en train de dire sa troisième messe basse.

Extrait des *Lettres de mon moulin.*

Léon Bloy

Noël prussien

À Mlle Lucie Edel Vallöe

Les trois cents yeux du petit bourg de M... se dilatèrent pour mieux voir les deux officiers allemands précédés d'un porte-lanterne, se dirigeant vers la maison du curé.

Les Prussiens, attendus avec angoisse quelques jours plus tard seulement, venaient d'arriver. On les avait entendus de loin dans la nuit sonore. Une voix d'épouvante avait crié : – Voilà les Prussiens qui arrivent et un quart d'heure plus tard, au commandement de : *Halt !* un roulement de crosses de fusils qui avait fait trembler les vitres attestait leur présence odieuse.

Aucun acte hostile. Ces étrangers ne paraissaient pas empressés, comme partout ailleurs, de molester l'habitant. Immobiles et l'arme au pied, ils faisaient en bas du village une ligne sombre, délimitant une masse plus sombre d'où sortaient des lueurs d'acier, des éternuements, une sorte de grande plainte sourde et confuse.

Nul « fourrier de la mort », suivant l'expression de Corneille, ne s'était jeté en avant pour le désespoir du conseil municipal. Simplement, celui qui paraissait être le chef avait mis pied à terre et, suivi d'un seul de ses officiers, s'était fait conduire au presbytère.

M. l'abbé Courtemanche était le plus vieux curé de l'arrondissement. Rééditant à son insu un mot de Henri Heine dont il ne connut jamais le nom, il se disait volontiers le premier homme de son siècle pour être né le 1er janvier 1800 ; prétention contrariée, d'ailleurs, comme il arriva au poète allemand, par l'hostilité d'un instituteur voltairien qui lui reprochait, avec plus ou moins de raison, d'être au contraire, l'un des derniers hommes du précédent siècle.

Ecclésiastique sans reproche ni couture et totalement dénué d'ambition, il avait tout fait, depuis trente ans, pour ne pas changer de place. L'autorité diocésaine, fort accommodée d'une si édifiante modestie de roseau sacerdotal, l'avait oublié soigneusement dans cette paroisse pauvre que ne briguait aucun confrère, et le pacifique bonhomme poussait ainsi des racines plus profondes à mesure que tombaient ses dents et ses cheveux.

Mon Dieu ! ce n'était peut-être pas un saint. Qui donc est saint dans le département de la Sarthe ? Les descendants de la race guerrière des Cénomans autrefois vainqueurs de l'Italie sous Bellovèse et que le lieutenant de César et César lui-même eurent tant de peine à dompter, ne sont pas du tout un peuple facile à coiffer du nimbe. L'enthousiasme religieux ou simplement militaire n'est pas leur pente et l'abbé Courtemanche était manceau, sinon mamertin.

Digne prêtre au demeurant, charitable et sans orgueil, vigilant et assidu aux devoirs de son ministère, mais peu combustible.

Retiré dans sa très pauvre demeure, à peine plus grande que l'habitacle d'un colimaçon, quand il ne vaquait pas à son troupeau, sa joie la plus vive consistait à classer amoureusement des coquillages fossiles de la période tertiaire, des schistes argileux ou micacés, des éclats de porphyre et des lamelles de feldspath, sans préjudice des simples cailloux et des minerais les plus humbles.

Il jouissait par là d'une solide réputation de géologue qui s'étendait jusqu'au chef-lieu du canton, et il avait eu la gloire d'être consulté plusieurs fois par l'Ingénieur des Ponts et Chaussées.

Toutefois cette innocente manie lui faisait oublier si peu son caractère, qu'un jour il avait vendu quelques pièces rares de sa collection, parmi lesquelles un merveilleux poudingue de quartz hyalin violet, vulgairement nommé améthyste, trésor dont il était inexprimablement fier, – afin de réparer l'autel de la Vierge qui tombait en ruines, – sacrifice plus grand pour cet homme que n'eût été le don de sa propre vie et qui fut trouvé comique à l'Évêché.

Lorsque les redoutables étrangers se présentèrent, il pouvait être dix heures du soir, et le vingt-quatrième jour de décembre finissait. Quoique fort inquiet de l'imminente venue des Prussiens, le curé se disposait, en lisant le grand Office nocturne, à célébrer la messe de minuit dans son église encore disponible et miraculeusement préservée, jusqu'à ce jour, des marcassins de l'Invasion ou de la Défense nationale.

Il s'attendait aussi peu que possible à voir ces deux personnages entrer chez lui. Quand ils apparurent, son trouble fut immense et devint aussitôt une suée d'horreur. Pour le salut de son âme, il n'aurait pas été capable de proférer d'abord un seul mot.

Il était donc venu, ce moment terrible ! Que de prières pourtant il avait adressées à Dieu, depuis un mois, pour qu'il écartât le fléau de sa paroisse, en le suppliant, néanmoins, de lui conférer la grâce nécessaire pour endurer même le martyre, s'il était absolument inévitable de tomber entre les mains de ces hérétiques victorieux !

Maintenant, la nécessité de l'acceptation s'imposait. Rapidement, il évoqua tous les supplices inventés par la rage des sectaires, s'efforçant d'évaluer, au petit bonheur, le degré de force qu'il lui faudrait pour les supporter avec constance...

Le respect de la vérité me force d'ajouter, hélas ! qu'en cette grande tribulation, le pauvre pasteur ne pensa pas exclusivement à son troupeau, mais qu'il jeta des regards navrés, des regards pleins d'une désolation excessive, sur les richesses géologiques entassées autour de lui et qui deviendraient infailliblement la proie des barbares.

Cette dernière crainte était d'autant mieux fondée que les visiteurs, paralytiques et muets eux-mêmes, laissaient paraître une stupéfaction qui pouvait passer, en effet, pour la convoitise la plus excitée.

Insolitement désemparés de leur arrogance, ils contemplaient du seuil, ce petit vieillard au visage d'enfant, ce Deucalion ecclésiastique monstrueusement environné d'un si grand nombre de pierres qu'il n'en aurait pas fallu davantage, semblait-il, pour le renouvellement de la race humaine anéantie par les déluges ou les exterminations militaires.

À la fin, pourtant, le plus considérable des deux, un superbe colonel d'infanterie bavaroise, se décida :

– Monsieur le Curé, dit-il en très pur français, je veux croire que vous pardonnerez à des soldats en campagne ce que leur visite peut avoir d'indiscret. Mais j'étais informé que votre village, qui se trouve, pour l'instant du moins, en dehors des lignes d'opération, n'a été occupé, jusqu'à présent, par aucune troupe française ou allemande. J'en ai conclu que rien ne s'opposerait à la célébration de la messe de minuit dans votre paroisse. Je suis catholique et je vous amène un grand nombre de soldats qui le sont aussi. Il suffira d'ouvrir vos portes toutes grandes. Ceux qui ne pourront pas entrer vous apercevront de loin et ce sera une consolation pour des hommes condamnés peut-être à mourir demain. Je ne pense pas, monsieur le Curé, que vous ayez le droit de la refuser même à des ennemis de la France.

Ces paroles inouïes entrèrent dans l'âme du vieux Courtemanche, comme de la mitraille dans un caisson. Le règne minéral cessa, du coup, d'exister pour lui. Ce doux et timide ecclésiastique flamboya soudain comme un volcan.

– Oh ! cria-t-il, dire la Messe, la sainte Messe de l'Emmanuel à des incendiaires, à des assassins d'enfants, à des Prussiens abominables ! Pour quel Judas me prenez-vous donc, monsieur ? Vous êtes le maître, vous avez reçu le pouvoir de nuire aux enfants de Dieu, et je ne suis qu'un vieillard, le plus insignifiant et le plus faible de tous les curés du diocèse, mais vous ne me faites pas peur, entendez-vous ? et tous vos soldats ne m'empêcheront pas de vous dire que c'est une honte de venir vous moquer d'un pauvre prêtre. Livrez-moi donc à vos bourreaux, j'y suis préparé. Je supporterai les plus cruels tourments, s'il est nécessaire, avec la grâce de Notre-Seigneur qui *en a vu bien d'autres* et qui saura fortifier son témoin.

Il suffoquait. Emporté même par son zèle d'holocauste, il eut, en effet, un geste de témoin qui détermina l'éboulement d'une masse considérable de petits moellons étiquetés avec amour, dont quelques-uns roulèrent jusqu'aux pieds du proconsul.

Celui-ci, demeuré, fort impassible, recula tranquillement sa botte et reprit avec la même politesse :

– Monsieur le Curé, j'ai eu l'honneur de vous dire que je suis catholique. Je vous le dis encore, *très sérieusement.*

Il y eut un silence pendant lequel on vit remuer les lèvres du candide abbé, foudroyé de cette révélation.

L'Allemand tira sa montre et continua sans changer de ton :

– Dix heures et demie. Je dois être à mon poste à quatre heures du matin. Je n'ai pas de temps à dissiper en paroles vaines. Veuillez donc faire préparer la cérémonie et vous préparer vous-même à entendre la confession de ceux d'entre nous qui parlent français et qui désirent communier cette nuit. En cas de refus, *à minuit cinq, je donnerai l'ordre d'incendier le village...*

À l'heure précise de minuit, le curé, revêtu des ornements blancs de la Nativité de Jésus-Christ, montait à l'autel dans une gloire de luminaires, portes ouvertes, et le grand carillon de la Joie des Anges emplissant l'espace.

Pour la première fois, peut-être, depuis le commencement de l'invasion, les Allemands n'avaient maltraité personne. Ils avaient même décoré l'église, les trois ou quatre cents bougies dont s'étonnaient les humbles murailles, ayant été tirées de leurs sacs, et les cloches étaient sonnées par l'un d'eux, qu'on disait fils d'un maître de chapelle de la Franconie.

Ordre admirable et recueillement parfait dans ce troupeau de sanguinaires adorateurs. Les officiers au premier rang, sabre au clair, près de la Table de communion, les deux premières compagnies en armes, échelonnées et rangées le long de la nef, dans un alignement absolu, et le reste sur la place, à perte de vue, observant les mêmes rectangles.

Au milieu d'un étroit sillon où s'apercevait des formes rampantes et noires, quelques femmes, quelques enfants venus, en tremblant, prier le petit Sauveur pour la France et pour leur curé.

De temps en temps, un commandement bref, suivi d'un tressaillement d'acier qui allait se perdre au fond des ténèbres à l'extérieur.

Pas de cantiques. Aucun habitant du village n'en aurait trouvé la force, et le colonel avait heureusement accordé cette grâce inespérée qu'on ne chanterait pas en langue allemande.

Il avait bien fallu consentir à cette messe de minuit. Le malheureux abbé Courtemanche subissait une violence effroyable, telle qu'il n'aurait jamais cru la pouvoir supporter sans en mourir.

Non seulement il avait le devoir de ne pas abandonner Jésus en sa Crèche et d'empêcher par tous les moyens permis l'extermination ou la ruine de son troupeau, mais encore et par-dessus tout, il n'avait pas le droit d'oublier que les Prussiens même furent, aussi bien que les autres hommes, rachetés du Sang de ce Nouveau-Né.

Le Vicaire du Christ sur sa Chaire cathédrale n'aurait pu, en pareil cas, les excommunier, et quand même toutes les plaies des cent mille morts pour la patrie seraient devenues autant de bouches vocifératrices contre eux, cet immense cri vers le ciel n'aurait pas été tout à fait assez pour couvrir le chuchotement d'un incendiaire ou d'un égorgeur de vieillards au tribunal de la Pénitence.

Il avait donc entendu la confession d'une vingtaine environ de ces cannibales agenouillés parmi les Gouttes infiniment adorables du Sang précieux de la Sueur divine.

Il les avait absous au nom du Père, au nom du Fils, au nom de l'Esprit ; il les avait réconciliés, bénis de la bénédiction qui désenchaîne et qui clarifie, de la toute-puissante Bénédiction sacerdotale qui courbe les Neuf Chœurs des Anges.

Pillage, incendie, massacres, viols, blasphèmes et profanations, il avait tout entendu, tout pardonné pendant une heure.

Ce n'était pas assez. Maintenant il fallait consacrer pour eux le Pain et le Vin, leur donner à manger le Corps de Dieu, l'effrayante Viande des Martyrs qui les remplirait de forces neuves pour recommencer tout cela.

Il parut à cet humble serviteur de la Table sainte que tout croulait en lui et autour de lui dans la Maison lumineuse, quand il lui fallut prononcer devant toutes ces langues féroces le « Corpus » inébriateur de la Gratification Eucharistique : « Que le corps de Notre Seigneur Jésus-Christ garde ton âme. »

Ayant ainsi distribué ce que l'Église nomme le « Pharmaque d'immortalité », il eut à peine le pouvoir de remonter à l'autel pour les dernières Oraisons, – cependant que les cloches glorieuses lancées avec frénésie, les pesantes cloches de ce Noël des mauvais vainqueurs, sanglotaient en haut, sur la campagne, dans l'exécrable silence des cieux.

Extrait de *Sueur de sang.*

Jacques-Bénigne Bossuet

Sermon sur le mystère de la nativité de Notre-Seigneur

Prêché dans l'église cathédrale de Meaux, en 1691.

Celui-ci, cet enfant qui vient de naître, dont les anges célèbrent la naissance, que les bergers viennent adorer dans sa crèche, que les Mages viendront bientôt rechercher des extrémités de l'Orient, que vous verrez dans quarante jours présenté au temple, et mis entre les mains du saint vieillard Siméon : « cet enfant, dis-je, est établi pour la ruine et pour la résurrection de plusieurs dans Israël[1] », non seulement parmi les Gentils, mais encore dans le peuple de Dieu et dans l'Église, qui est le vrai Israël ; « et pour être en butte aux contradictions ; et votre âme sera percée d'une épée » : et tout cela se fera, « afin que les pensées que plusieurs tiennent cachées dans leurs cœurs, soient découvertes ».

La religion est un sentiment composé de crainte et de joie : elle inspire de la terreur à l'homme, parce qu'il est pécheur ; elle lui inspire de la joie, parce qu'il espère la rémission de ses péchés : elle lui inspire de la terreur, parce que Dieu est juste ; et de la joie, parce qu'il est bon. Il faut que l'homme tremble et qu'il soit saisi de frayeur, lorsqu'il sent en lui-même tant de mauvaises in-

1. *Luc.*, II, 34, 35.

clinations ; mais il faut qu'il se réjouisse et qu'il se console, quand il voit venir un Sauveur et un médecin pour le guérir. C'est pourquoi le Psalmiste chantait : « Réjouissez-vous devant Dieu avec tremblement[1] » : réjouissez-vous par rapport à lui, mais tremblez par rapport à vous ; parce qu'encore que par lui-même il ne vous apporte que du bien, vos crimes et votre malice pourront peut-être l'obliger à vous faire du mal. C'est donc pour cette raison que Jésus-Christ est établi non seulement pour la résurrection, mais encore pour la ruine de plusieurs en Israël. Et vous ne trouverez pas mauvais que j'anticipe ce discours prophétique du saint vieillard Siméon, pour vous donner une idée parfaite du mystère de Jésus-Christ qui naît aujourd'hui.

C'était un des caractères du Messie promis à nos pères d'être tout ensemble, et un sujet de consolation, et un sujet de contradiction ; une pierre fondamentale sur laquelle on doit s'appuyer, et une pierre d'achoppement et de scandale contre laquelle on se heurte et on se brise. Les deux princes des apôtres nous ont appris unanimement cette vérité. Saint Paul, dans l'Épître aux Romains : « Cette pierre, (dit-il), sera pour vous une pierre de scandale ; et quiconque croit en lui ne sera point confondu[2]. » Le voilà donc tout ensemble, et le fondement de l'espérance, et le sujet des contradictions du genre humain. Mais il faut encore écouter le prince des apôtres : « C'est ici, dit-il[3], la pierre de l'angle, la pierre qui soutient et qui unit tout l'édifice ; et quiconque croit en celui qui est figuré par cette pierre, ne sera point confondu. » Mais c'est aussi une pierre d'achoppement et de scandale, qui fait tomber ou qui met en pièces tout ce qui se heurte contre elle. Mais il faut que les disciples se taisent quand le maître parle lui-même. C'est Jésus-Christ qui répond aux disciples de saint Jean-Baptiste : « Bienheureux sont ceux, dit-il, à qui je ne suis pas une occasion de scandale[4]. » Quoique je fasse tant de miracles, qui font voir au genre humain que je suis le fondement de son espérance, on est cependant trop heureux quand on ne trouve point en moi une occasion de se scandaliser : tant le genre humain est corrompu, tant les yeux sont faibles pour soutenir la lumière, tant les cœurs sont rebelles à la vérité. Et pour porter cette vérité jusqu'au premier principe, c'est

1. *Ps.*, II, 11. 2. *Rom.*, IX, 33. 3. *I. Pet.*, II, 6, 7. 4. *Matth.*, XI, 6.

Dieu même qui est primitivement en ruine et en résurrection au genre humain ; car s'il est le sujet des plus grandes louanges, il est aussi en butte aux plus grands blasphèmes. Et cela c'est un effet comme naturel de sa grandeur ; parce qu'il faut nécessairement que la lumière qui éclaire les yeux sains, éblouisse et confonde les yeux malades. Et Dieu permet que le genre humain se partage sur son sujet, afin que ceux qui le servent, en voyant ceux qui le blasphèment, reconnaissent la grâce qui les discerne, et lui aient l'obligation de leur soumission. C'était donc en Jésus-Christ un caractère de divinité d'être en butte aux contradictions des hommes, d'être en ruine aux uns, et en résurrection aux autres. Et, pour entrer plus profondément dans un si grand mystère, je trouve que Jésus-Christ est une occasion de contradiction et de scandale, dans les trois principaux endroits par lesquels il s'est déclaré notre Sauveur ; dans l'état de sa personne, dans la prédication de sa doctrine, dans l'institution de ses sacrements. Qu'est-ce qui choque dans l'état de sa personne ? sa profonde humiliation. Qu'est-ce qui choque dans sa prédication et sa doctrine ? sa sévère et inexorable vérité. Qu'est-ce qui choque dans l'institution de ses sacrements ? je le dirai pour notre confusion, c'est sa bonté et sa miséricorde même.

Premier point

« Au commencement le Verbe était ; et le Verbe était en Dieu, et le Verbe était Dieu. Toutes choses ont été faites par lui[1]. » Ce n'est pas là ce qui scandalise les sages du monde : ils se persuadent facilement que Dieu fait tout par son Verbe, par sa parole, par sa raison. Les philosophes platoniciens, dit saint Augustin, admiraient cette parole, et ils y trouvaient de la grandeur ; que le Verbe fût la lumière qui éclairait tous les hommes qui venaient au monde ; que la vie fût en lui comme dans sa source, d'où elle se répandait sur tout l'univers, et principalement sur toutes les créatures raisonnables. Ils étaient prêts à écrire en caractères d'or ces beaux commencements de l'Évangile de saint Jean. Si le christianisme n'eût eu à prêcher que ces grandes et augustes vérités, quelque inaccessible qu'en fût la hauteur, ces esprits, qui se piquaient d'être sublimes, se

1. *Joan.*, I, 1.

seraient fait un honneur de les croire et de les établir ; mais ce qui les a scandalisés, c'est la suite de cet évangile. « Le Verbe a été fait homme » ; et ce qui paraît encore plus faible, « le Verbe a été fait chair[1] » : ils n'ont pu souffrir que ce Verbe, dont on leur donnait une si grande idée, fût descendu si bas. La parole de la croix leur a été une folie encore plus grande. Le Verbe né d'une femme ; le Verbe né dans une crèche, pour en venir enfin à la dernière humiliation du Verbe expirant sur une croix : c'est ce qui a révolté ces esprits superbes. Car ils ne voulaient point comprendre que la première vérité qu'il y eût à apprendre à l'homme, que son orgueil avait perdu, était de s'humilier. Il fallait donc qu'un Dieu, qui venait pour être le docteur du genre humain, nous apprît à nous abaisser, et que le premier pas qu'il fallait faire pour être chrétien, c'était d'être humble. Mais les hommes enflés de leur vaine science, n'étaient pas capables de faire un pas si nécessaire. « Autant qu'ils s'approchaient de Dieu par leur intelligence, autant s'en éloignaient-ils par leur orgueil » : *Quantum propisquaverunt intelligentia, tantum superbia recesserunt,* dit excellemment saint Augutin[2].

Mais, direz-vous, on leur prêchait la résurrection de Jésus-Christ et son ascension triomphante dans les cieux : ils devaient donc entendre que ce Verbe, que cette Parole, que cette sagesse incarnée était quelque chose de grand. Il est vrai : mais tout le fond de ces grands mystères était toujours un Dieu fait homme ; c'était un homme qu'on élevait si haut ; c'était une chair humaine et un corps humain qu'on plaçait au plus haut des cieux. C'est ce qui leur paraissait indigne de Dieu ; et quelque haut qu'il montât après s'être si fort abaissé, ils ne trouvaient pas que ce fût un remède à la dégradation qu'ils s'imaginaient dans la personne du Verbe fait chair. C'est par là que cette personne adorable leur devint méprisable et odieuse : méprisable, parce qu'elle s'était abaissée ; odieuse, parce qu'elle les obligeait de s'abaisser à son exemple. C'est ainsi qu'il a été établi pour la ruine de plusieurs : *Positus in ruinam.* Mais en même temps il est aussi la résurrection de plusieurs ; parce que, pourvu qu'on veuille imiter ses humiliations, on apprendra de lui à s'élever de la poussière. Humiliez-vous donc, âmes chrétiennes, si vous voulez vous relever avec Jésus-Christ.

1. *Joan.*, I, 11. 2. *Contra Julian.*, lib. IV, cap. 8.

Mais, ô malheur ! les chrétiens ont autant de peine à apprendre cette humble leçon, qu'en ont eu les sages et les grands du monde. Loin d'imiter Jésus-Christ, dont la naissance a été si humble, chacun oublie la bassesse de la sienne. Cet homme qui s'est élevé par son industrie, et peut-être par ses crimes, ne veut pas se souvenir dans quelle pauvreté il était né. Mais ceux qui sont nés quelque chose dans l'ordre du monde, songent-ils bien quel est le fond de leur naissance ? combien elle a été faible, combien impuissante, et destituée par elle-même de tout secours ? Se souviennent-ils de ce que disait, en la personne d'un roi, le divin auteur du livre de la Sagesse : « Je suis venu au monde en gémissant comme les autres[1] » ? De quoi donc se peut vanter l'homme qui vient au monde ; puisqu'il y vient en pleurant, et que la nature ne lui inspire point d'autres pressentiments dans cet état, que celui qu'il a de ses misères ? Entrons donc dans de profonds sentiments de notre bassesse, et descendons avec Jésus-Christ, si nous voulons monter avec lui. « Il est monté, dit saint Paul[2], au plus haut des cieux, parce qu'il est auparavant descendu au plus profond des abîmes. » Ne descendons pas seulement avec lui dans une humble reconnaissance des infirmités et des bassesses de notre nature ; descendons jusqu'aux enfers, en confessant que c'est de là qu'il nous a tirés : et non seulement des enfers où étaient les âmes pieuses avant sa venue, ou des prisons souterraines où étaient les âmes imparfaites qui avaient autrefois été incrédules ; mais du fond même des enfers où les impies, où Caïn, où le mauvais riche, étaient tourmentés avec les démons. C'est jusque-là qu'il nous faut descendre, jusque dans ces brasiers ardents, jusque dans ce chaos horrible et dans ces ténèbres éternelles, puisque c'est là que nous serions sans sa grâce. Anéantissons à son exemple tout ce que nous sommes. Car considérons, mes bien-aimés, qu'est-ce qu'il a anéanti en lui-même. « Comme il était, dit saint Paul[3], dans la forme et la nature de Dieu, il n'a pas cru que ce fût à lui un attentat de se porter pour égal à Dieu ; mais il s'est anéanti lui-même en prenant la forme d'esclave, ayant été fait semblable aux hommes. » Ce n'est donc pas seulement la forme d'esclave qu'il a comme anéantie en lui-même ; mais il a anéanti, autant qu'il a pu,

1. *Sap.*, VII, 3. 2. *Ephes.*, IV, 9, 10. 3. *Philip.*, II, 6, 7.

jusqu'à la forme de Dieu, en la cachant sous la forme d'esclave, et suspendant, pour ainsi parler, son action toute-puissante et l'effusion de sa gloire ; poussant l'obéissance jusqu'à la mort et jusqu'à la mort de la croix[1] ; la poussant jusqu'au tombeau, et ne commençant à se relever que lorsqu'il fut parvenu à la dernière extrémité de la bassesse. Ne songeons donc à nous relever non plus que lui, que lorsque nous aurons goûté son ignominie dans toute son étendue, et que nous aurons bu tout le calice de ses humiliations. Alors il ne nous sera pas en ruine, mais en résurrection, en consolation et en joie.

Deuxième point

Mais pour nous jeter dans ces profondeurs, laissons-nous confondre par la vérité de sa doctrine. C'est la seconde source des contradictions qu'il a eu à essuyer sur la terre. Il n'a eu à y trouver que des pécheurs ; et il semblait que des pécheurs ne devaient non plus s'opposer à un Sauveur, que des malades à un médecin. Mais c'est qu'ils étaient pécheurs, et cependant qu'ils n'étaient pas humbles. Toutefois qu'y avait-il de plus convenable à un pécheur que l'humilité, et l'humble aveu de ses fautes ? c'est ce que Jésus-Christ n'a pu trouver parmi les hommes. Il a trouvé des pharisiens pleins de rapines, d'impuretés et de corruption : il a trouvé des docteurs de la loi, qui, sous prétexte d'observer les plus petits commandements avec une exactitude surprenante, violaient les plus grands. Et ce qui les a soulevés contre le Fils de Dieu, c'est ce qu'il a dit lui-même en un mot : « Je suis venu au monde, comme la lumière ; et les hommes ont mieux aimé les ténèbres que la lumière, parce que leurs œuvres étaient mauvaises[2]. »

C'est pourquoi Jésus a été, plus que Moïse, plus que Jérémie, plus que tous les autres prophètes, un objet de contradiction, de murmure et de scandale à tout le peuple. « C'est un prophète, ce n'en est pas un : c'est le Christ ; le Christ peut-il venir de Nazareth ? peut-il venir quelque chose de bon de Galilée[3] ? Quand le Christ viendra, on ne saura d'où il vient[4] ; mais nous savons d'où vient celui-ci[5]. C'est un blasphémateur et un impie qui se fait égal à

1. *Philip.*, II, 8. 2. *Joan.*, III, 19. 3. *Ibid.*, VII, 40, 41. 4. *Ibid.*, 27. 5. *Ibid.*, IX, 29.

Dieu[1], qui enseigne à violer le jour du sabbat[2]. C'est un samaritain et un schismatique[3] ; c'est un rebelle et un séditieux, qui empêche de payer le tribut à César[4] ; c'est un homme de plaisir et de bonne chère, qui aime les grands repas des publicains et des pécheurs[5] ; il est possédé du malin esprit, et c'est en son nom qu'il délivre les possédés[6]. » En un mot, c'est un trompeur, c'est un imposteur ; ce qui enfermait le comble de tous les outrages, et ce qui fait aussi qu'on lui préfère un voleur de grand chemin et un assassin. Lequel des prophètes a été en butte à de plus étranges contradictions ? Il le fallait ainsi, puisque portant aux hommes, plus près que n'avait fait aucun des prophètes, et avec un éclat plus vif, la vérité qui les condamnait, il fallait qu'il soulevât contre lui tous les esprits jusqu'aux derniers excès : c'est pourquoi la rébellion n'a jamais été portée plus loin. Il fait des miracles que jamais personne n'avait faits, et il ne laissait aucune excuse à l'infidélité des hommes. Mais plus la conviction était manifeste, plus le soulèvement devait être brutal et insensé. Car voyez jusqu'où ils portent leur fureur : il avait ressuscité un mort de quatre jours en présence de tout le peuple : et non seulement c'est ce qui les détermine à le faire mourir, mais ils veulent faire mourir avec lui celui qu'il avait ressuscité, afin d'ensevelir dans un même oubli, et le miracle, et celui qui en était l'auteur et celui qui en était le sujet ; parce qu'encore qu'ils sussent bien que Dieu, qui avait fait un si grand miracle, pouvait bien le réitérer quand il voudrait, ils osaient bien espérer qu'il ne le voudrait pas faire, ni renverser si souvent les lois de la nature. Voilà jusqu'où ils poussent leurs complots ; et jamais la vérité n'avait été plus en butte aux contradictions, parce que jamais elle n'avait été plus claire, ni plus convaincante, ni, pour ainsi parler, plus souveraine. C'est donc alors que les pensées, que plusieurs tenaient cachées dans leurs cœurs, furent découvertes. Et quelle fut la noire pensée qui fut alors découverte ? que l'homme ne peut souffrir la vérité ; qu'il aime mieux ne pas voir son péché, pour avoir occasion d'y demeurer, que de le voir et le reconnaître pour être guéri : et en un mot que le plus grand ennemi qu'ait l'homme, c'est l'homme même. Voilà cette secrète et profonde pensée du genre humain, qui devait

1. *Ibid.*, X, 33. 2. *Ibid.*, IX, 16. 3. *Ibid.*, VIII, 48. 4. *Luc.*, XXII, 2. 5. *Matth.*, XI, 19. 6. *Ibid.*, XII, 24.

être révélée à la présence de Jésus-Christ et à sa lumière. *Ut revelentur ex multis cordibus cogitationes.*

Prenez donc garde, mes Frères, de ne pas imiter ces furieux. Tu t'enfonces dans le crime, malheureux pécheur ; et à mesure que tu t'y enfonces, les lumières de ta conscience s'éteignent ; et cette parole de Jésus-Christ s'accomplit encore : « Vous voulez me faire mourir, parce que ma parole ne prend point en vous[1]. » Les lumières de ta conscience, et cette secrète persécution qu'elle te fait dans ton cœur, ne t'émeuvent pas ; pour cela tu les veux éteindre : les vérités de l'Évangile te sont un scandale ; tu commences à les combattre ; non point par raison, car tu n'en as point, et « les témoignages de Dieu sont trop croyables[2] », mais par paresse, par aveuglement, par fureur. Il n'y a plus devant tes yeux et dans le fond de ton cœur qu'une petite lumière ; et sa faiblesse fait voir qu'elle n'est plus en toi que pour un peu de temps : *Ad huc modicum lumen in vobis est*[3] : « La lumière est encore en vous pour un peu de temps. » Au reste, mon cher frère, c'est Jésus-Christ qui te luit encore, qui te parle encore par ce faible sentiment : marche donc à la faveur de cette lumière, de peur que les ténèbres ne t'enveloppent : et celui qui marche dans les ténèbres ne sait où il va[4] ; il choppe à chaque pas, à chaque pas il se heurte contre la pierre, et tous les chemins sont pour lui des précipices.

Troisième point

Mais ce qu'il y a ici de plus étrange, c'est que le dernier sujet du scandale qui a soulevé le monde contre Jésus-Christ, c'est sa bonté. Si dans le temps de sa passion et dans tout le cours de sa vie, on a poussé les outrages jusqu'à la dernière extrémité : c'est à cause qu'il se livrait à l'injustice, comme dit l'apôtre saint Pierre[5], qu'il se laissait frapper impunément, comme un agneau innocent se laisse tondre, et se laisse même mener à l'autel pour y être égorgé comme une victime : c'est que s'il fait des miracles, c'est pour faire du bien à ses ennemis, et non pas pour empêcher le mal qu'ils lui voulaient faire. C'est de là qu'est venu le grand scandale que le monde a vu arriver dans Israël, à l'occasion de Jésus-Christ. Mais

1. *Joan.*, VIII, 37. 2. *Ps.* XCII, 7. 3. *Joan.*, XII, 35. 4. *Ibid.* 5. *I. Petr.*, II, 23.

voici, dans le vrai Israël et dans l'Église de Dieu, le grand scandale. Parce que, dans l'institution de ses sacrements, Jésus-Christ n'a point voulu donner de bornes à ses bontés, les chrétiens n'en donnent point à leurs crimes. On a reproché au Sauveur l'efficace toute-puissante de son baptême, où tous les crimes étaient également expiés, et Julien l'Apostat a bien osé dire que c'était inviter le monde à faire mal[1] : mais la clémence du Sauveur ne s'en tient pas là. Novatien et ses sectateurs en ont eu honte : ils ont tâché de renfermer la miséricorde du Sauveur dans le baptême, ôtant tout remède à ceux qui n'avaient pas profité de celui-là. L'Église les a condamnés : et la miséricorde qu'elle prêche est si grande, qu'elle ouvre encore une entrée pour le salut à ceux qui ont violé la sainteté du baptême, et souillé le temple de Dieu en eux-mêmes. Restreignons-nous donc du moins, et ne donnons qu'une seule fois la pénitence, comme on faisait dans les premiers temps. Non, mes Frères, la miséricorde de Jésus-Christ va encore plus loin ; il n'a point mis de bornes à la rémission des péchés. Il a dit, sans restriction : « Tout ce que vous remettrez, tout ce que vous délierez[2]. » Il a dit à tous ses ministres, en la personne de saint Pierre : « Vous pardonnerez non seulement sept fois, mais jusqu'à sept fois septante fois[3]. » C'est que le prix de son sang est infini : c'est que l'efficace de sa mort n'a point de bornes : et c'est là aussi le grand scandale qui paraît tous les jours dans Israël ; on dit, je pécherai encore, parce que j'espère faire pénitence. Que ce discours est insensé ! sans doute faire pénitence, ce n'est autre chose que se repentir. Quand on croit qu'on se repentira de quelque action, c'est une raison pour ne la pas faire. Si vous faites cela, dit-on tous les jours, vous vous en repentirez. Mais à l'égard de Dieu, le repentir devient l'objet de notre espérance : et l'on ne craint point de pécher, parce qu'on espère de se repentir un jour. Il fallait donc encore que cette absurde pensée fût révélée à la venue de Jésus-Christ : *Ut revelentur cogitationes.* Mais, chrétien, tu n'y penses pas, quand tu dis que tu feras pénitence et que tu te repentiras, et que tu fais servir ce repentir futur à ta licence : tu renverses la nature, tu introduis un prodige dans le monde. C'est en effet que ton repentir ne sera pas un repentir véritable, mais une erreur dont tu te flatteras dans ton crime.

1. *Apud S. Cyril. Alex.*, lib. VII. 2. *Matth.*, XVI, 29 ; et XVIII, 18. 3. *Ibid.*, 22.

Tremblez donc, tremblez, mes Frères, et craignez qu'en abusant de l'esprit de la pénitence pour vous autoriser dans vos péchés, vous ne commettiez à la fin ce péché contre le Saint-Esprit, qui ne se remet ni en ce monde ni en l'autre. Car enfin s'il est véritable qu'il n'y a point de péché que le sang de Jésus-Christ ne puisse effacer, et que sa miséricorde ne puisse remettre, il n'est pas moins véritable qu'il y en aura un qui ne sera jamais remis : et comme vous ne savez pas si ce ne sera point le premier que vous commettrez, et qu'il y a au contraire grand sujet de craindre que Dieu se lassera de vous pardonner, puisque toujours vous abusez de son pardon, craignez tout ce que fera une bonté rebutée, qui changera en supplices toutes les grâces qu'elle vous a faites. Venez contempler tous les mystères du Sauveur : regardez l'endroit par où ils vous peuvent tourner à ruine, et celui par où ils vous peuvent être en consolation et en joie : et au lieu de regarder sa bonté comme un titre pour l'offenser plus facilement, regardez-la comme un motif le plus pressant pour enflammer votre amour ; afin que passant vos jours dans les consolations qui accompagnent la rémission des péchés, vous arriviez au bienheureux séjour, d'où le péché et les larmes seront éternellement bannies : c'est la grâce que je vous souhaite avec la bénédiction du Père, du Fils et du Saint-Esprit : ainsi soit-il.

Exorde sur le mystère de la nativité de Notre-Seigneur

C'était une grande entreprise de rendre vénérables par toute la terre les abaissements du Verbe incarné. Jamais chose aucune ne fut attaquée par des raisonnements plus plausibles. Les Juifs et les Gentils en faisaient le sujet de leurs railleries ; et il faut bien que les premiers chrétiens aient eu une fermeté plus qu'humaine, pour prêcher à la face du monde avec une telle assurance une doctrine apparemment si extravagante. C'est pourquoi Tertullien se vante que les humiliations de son maître, en lui faisant mépriser la honte, l'ont rendu impudent de la bonne sorte et heureusement insensé : *bene impudentem et feliciter stultum*[1]. Laissez-moi, disait ce grand homme quand on lui reprochait les bassesses du Fils de Dieu, lais-

1. *De Carn. Chr.*, n.S.

sez-moi jouir de l'ignominie de mon maître et du déshonneur nécessaire de notre foi. Le Fils de Dieu est né dans une étable ; je n'en ai point de honte, à cause que la chose est honteuse : on a mis le Fils de Dieu dans des langes ; il est croyable, parce qu'il est ridicule : le Fils de Dieu est dans une crèche ; je le crois d'autant plus certain, que selon la raison humaine il paraît entièrement impossible. Ainsi la simplicité de nos pères se plaisait d'étourdir les sages du siècle par des propositions inouïes, dans lesquelles ils ne pouvaient rien comprendre ; afin que toute la gloire des hommes s'évanouissant, il ne restât plus d'autre gloire que celle du Fils de Dieu anéanti pour l'amour des hommes. C'est à ce Dieu abaissé que je vous appelle. Venez l'adorer, Chrétiens, autant dans sa faiblesse que dans sa grandeur ; autant dans sa crèche que dans son trône. Mais quel serait notre crime, si venant adorer le Fils, nous manquions de saluer la divine Mère, qui nous l'a donné par son enfantement, qui nous le nourrit de son lait virginal, qui nous le conserve par ses soins maternels, et qui nous obtiendra son secours qui nous est si nécessaire en cette action, si nous l'en prions avec zèle, en disant : *Ave.*

Extrait des *Sermons.*

PIERRE CORNEILLE

Pour le jour de Noël

Christ, rédempteur de tous, Fils unique du Père,
Seul qu'avant tout commencement,
Engendrant en soi-même, et produisant sans mère,
Il fit naître ineffablement.

Adorable splendeur des clartés paternelles,
Espoir immuable de tous,
Daigne écouter, Seigneur, les vœux que tes fidèles
En tous lieux t'offrent comme nous.

Souviens-toi qu'autrefois, pour réparer l'injure
Que te fit l'homme criminel,
Tu pris chair dans les flancs d'une Vierge très pure,
Et voulus naître homme et mortel.

Vois comme tous les ans ce grand jour fait entendre,
Par l'hommage de nos concerts,
Que du sein paternel il te plut de descendre
Pour le salut de l'univers.

C'est ce jour que le ciel, que la terre, que l'onde,
Que tout ce qui respire en eux,
Bénit cent et cent fois d'avoir sauvé le monde
Par ton avènement heureux.

Nous y joignons nos voix, nous que par ta clémence
Ton sang retira du tombeau,
Et pour renouveler le jour de ta naissance,
Nous chantons un hymne nouveau.

Gloire à toi, sacré Verbe, et merveille suprême,
Dieu par une Vierge enfanté ;
Même gloire à ton Père, au Saint-Esprit la même,
Durant toute l'éternité.

Extrait des *Hymnes.*

Michel Tournier

La Mère Noël

Le village de Pouldreuzic allait-il connaître une période de paix ? Depuis des lustres, il était déchiré par l'opposition des cléricaux et des radicaux, de l'école libre des Frères et de la communale laïque, du curé et de l'instituteur. Les hostilités qui empruntaient les couleurs des saisons viraient à l'enluminure légendaire avec les fêtes de fin d'année. La messe de minuit avait lieu pour des raisons pratiques le 24 décembre à six heures du soir. À la même heure, l'instituteur, déguisé en Père Noël, distribuait des jouets aux élèves de l'école laïque. Ainsi le Père Noël devenait-il par ses soins un héros païen, radical et anticlérical, et le curé lui opposait le Petit Jésus de sa crèche vivante – célèbre dans tout le canton – comme on jette une ondée d'eau bénite à la face du Diable.

Oui, Pouldreuzic allait-il connaître une trêve ? C'est que l'instituteur, ayant pris sa retraite, avait été remplacé par une institutrice étrangère au pays, et tout le monde l'observait pour savoir de quel bois elle était faite. Mme Oiselin, mère de deux enfants – dont un bébé de trois mois – était divorcée, ce qui paraissait un gage de fidélité laïque. Mais le parti clérical triompha dès le premier dimanche, lorsqu'on vit la nouvelle maîtresse faire une entrée remarquée à l'église.

Les dés paraissaient jetés. Il n'y aurait plus d'arbre de Noël sacrilège à l'heure de la messe de « minuit », et le curé resterait seul maître du terrain. Aussi la surprise fut-elle grande quand Mme Oiselin annonça à ses écoliers que rien ne serait changé à la tradition, et que le Père Noël distribuerait ses cadeaux à l'heure habituelle. Quel jeu jouait-elle ? Et qui allait tenir le rôle du Père Noël ? Le facteur et le garde champêtre, auxquels tout le monde songeait en raison de leurs opinions socialistes, affirmaient n'être au courant de rien. L'étonnement fut à son comble quand on apprit que Mme Oiselin prêtait son bébé au curé pour faire le Petit Jésus de sa crèche vivante.

Au début tout alla bien. Le petit Oiselin dormait à poings fermés quand les fidèles défilèrent devant la crèche, les yeux affûtés par la curiosité. Le bœuf et l'âne – un vrai bœuf, un vrai âne – paraissaient attendris devant le bébé laïque si miraculeusement métamorphosé en sauveur.

Malheureusement il commença à s'agiter dès l'Évangile, et ses hurlements éclatèrent au moment où le curé montait en chaire. Jamais on n'avait entendu une voix de bébé aussi éclatante. En vain la fillette qui jouait la Vierge Marie le berça-t-elle contre sa maigre poitrine. Le marmot, rouge de colère, trépignant des bras et des jambes, faisait retentir les voûtes de l'église de ses cris furieux, et le curé ne pouvait placer un mot.

Finalement il appela l'un des enfants de chœur et lui glissa un ordre à l'oreille. Sans quitter son surplis, le jeune garçon sortit, et on entendit le bruit de ses galoches décroître au-dehors.

Quelques minutes plus tard, la moitié cléricale du village, tout entière réunie dans la nef, eut une vision inouïe qui s'inscrivit à tout jamais dans la légende dorée du Pays bigouden. On vit le Père Noël en personne faire irruption dans l'église. Il se dirigea à grands pas vers la crèche. Puis il écarta sa grande barbe de coton blanc, il déboutonna sa houppelande rouge et tendit un sein généreux au Petit Jésus soudain apaisé.

Extrait du *Coq de bruyère.*

Guy de Maupassant

Un réveillon

Je ne sais plus au juste l'année. Depuis un mois entier je chassais avec emportement, avec une joie sauvage, avec cette ardeur qu'on a pour les passions nouvelles.

J'étais en Normandie, chez un parent non marié, Jules de Banneville, seul avec lui, sa bonne, un valet et un garde dans son château seigneurial. Ce château, vieux bâtiment grisâtre entouré de sapins gémissants, au centre de longues avenues de chênes où galopait le vent, semblait abandonné depuis des siècles. Un antique mobilier habitait seul les pièces toujours fermées, où jadis ces gens dont on voyait les portraits accrochés dans un corridor aussi tempétueux que les avenues recevaient cérémonieusement les nobles voisins.

Quant à nous, nous nous étions réfugiés simplement dans la cuisine, seul coin habitable du manoir, une immense cuisine dont les lointains sombres s'éclairaient quand on jetait une bourrée nouvelle dans la vaste cheminée. Puis, chaque soir, après une douce somnolence devant le feu, après que nos bottes trempées avaient fumé longtemps et que nos chiens d'arrêt, couchés en rond entre nos jambes, avaient rêvé de chasse en aboyant comme des somnambules, nous montions dans notre chambre.

C'était l'unique pièce qu'on eût fait plafonner et plâtrer partout, à cause des souris. Mais elle était demeurée nue, blanchie seulement à la chaux, avec des fusils, des fouets à chiens et des cors de chasse accrochés aux murs ; et nous nous glissions grelottants dans nos lits, aux deux coins de cette case sibérienne.

À une lieue en face du château, la falaise à pic tombait dans la mer ; et les puissants souffles de l'Océan, jour et nuit, faisaient soupirer les grands arbres courbés, pleurer le toit et les girouettes, crier tout le vénérable bâtiment, qui s'emplissait de vent par ses tuiles disjointes, ses cheminées larges comme des gouffres, ses fenêtres qui ne fermaient plus.

Ce jour-là il avait gelé horriblement. Le soir était venu. Nous allions nous mettre à table devant le grand feu de la haute cheminée où rôtissaient un râble de lièvre flanqué de deux perdrix qui sentaient bon.

Mon cousin leva la tête : « Il ne fera pas chaud en se couchant », dit-il.

Indifférent, je répliquai : « Non, mais nous aurons du canard aux étangs demain matin. »

La servante, qui mettait notre couvert à un bout de la table et celui des domestiques à l'autre bout, demanda : « Ces messieurs savent-ils que c'est ce soir le réveillon ? »

Nous n'en savions rien assurément, car nous ne regardions guère le calendrier. Mon compagnon reprit : « Alors c'est ce soir la messe de minuit. C'est donc pour cela qu'on a sonné toute la journée ! »

La servante répliqua : « Oui et non, monsieur ; on a sonné aussi parce que le père Fournel est mort. »

Le père Fournel, ancien berger, était une célébrité du pays. Âgé de quatre-vingt-seize ans, il n'avait jamais été malade jusqu'au moment où, un mois auparavant, il avait pris froid, étant tombé dans une mare par une nuit obscure. Le lendemain il s'était mis au lit. Depuis lors il agonisait.

Mon cousin se tourna vers moi : « Si tu veux, dit-il, nous irons tout à l'heure voir ces pauvres gens. » Il voulait parler de la famille du vieux, son petit-fils, âgé de cinquante-huit ans, et sa petite belle-fille, d'une année plus jeune. La génération intermédiaire n'existait déjà plus depuis longtemps. Ils habitaient une lamentable masure, à l'entrée du hameau, sur la droite.

Mais je ne sais pourquoi cette idée de Noël, au fond de cette solitude, nous mit en humeur de causer. Tous les deux, en tête-à-tête, nous nous racontions des histoires de réveillons anciens, des aventures de cette nuit folle, les bonnes fortunes passées et les réveils du lendemain, les réveils à deux avec leurs surprises hasardeuses, l'étonnement des découvertes.

De cette façon, notre dîner dura longtemps. De nombreuses pipes le suivirent ; et, envahis par ces gaietés de solitaires, des gaietés communicatives qui naissent souvent entre deux intimes amis, nous parlions sans repos, fouillant en nous pour nous dire ces souvenirs confidentiels du cœur qui s'échappent en ces heures d'effusion.

La bonne, partie depuis longtemps, reparut :

– Je vais à la messe, monsieur.

– Déjà !

– Il est minuit moins trois quarts.

– Si nous allions aussi jusqu'à l'église ? demanda Jules, cette messe de Noël est bien curieuse aux champs.

J'acceptai, et nous partîmes, enveloppés en nos fourrures de chasse.

Un froid aigu piquait le visage, faisait pleurer les yeux. L'air cru saisissait les poumons, desséchait la gorge. Le ciel profond, net et dur, était criblé d'étoiles qu'on eût dites pâlies par la gelée ; elles scintillaient non point comme des feux, mais comme des astres de glace, des cristallisations brillantes. Au loin, sur la terre d'airain, sèche et retentissante, les sabots des paysans sonnaient ; et, par tout l'horizon, les petites cloches des villages, tintant, jetaient leurs notes grêles comme frileuses aussi, dans la vaste nuit glaciale.

La campagne ne dormait point. Des coqs, trompés par ces bruits, chantaient ; et en passant le long des étables, on entendait remuer les bêtes troublées par ces rumeurs de vie.

En approchant du hameau, Jules se ressouvint des Fournel. « Voici leur baraque, dit-il : entrons ! »

Il frappa longtemps en vain. Alors une voisine, qui sortait de chez elle pour se rendre à l'église, nous ayant aperçus :

– Ils sont à la messe, messieurs ; ils vont prier pour le père.

– Nous les verrons en sortant, dit mon cousin.

La lune à son déclin profilait au bord de l'horizon sa silhouette de faucille au milieu de cette semaille infinie de grains luisants jetés à poignée dans l'espace. Et par la campagne noire, des petits feux tremblants s'en venaient de partout vers le clocher pointu qui sonnait sans répit. Entre les cours des fermes plantées d'arbres, au milieu des plaines sombres, ils sautillaient, ces feux, en rasant la terre. C'étaient des lanternes de corne que portaient les paysans devant leurs femmes en bonnet blanc, enveloppées de longues mantes noires, et suivies des mioches mal éveillés, se tenant la main dans la nuit.

Par la porte ouverte de l'église, on apercevait le chœur illuminé. Une guirlande de chandelles d'un sou faisait le tour de la nef ; et par terre, dans une chapelle à gauche, un gros Enfant-Jésus étalait sur de la vraie paille, au milieu des branches de sapin, sa nudité rose et maniérée.

L'office commençait. Les paysans courbés, les femmes à genoux, priaient. Ces simples gens, relevés par la nuit froide, regardaient, tout remués, l'image grossièrement peinte, et ils joignaient les mains, naïvement convaincus autant qu'intimidés par l'humble splendeur de cette représentation puérile.

L'air glacé faisait palpiter les flammes. Jules me dit : « Sortons ! on est encore mieux dehors. »

Et sur la route déserte, pendant que tous les campagnards prosternés grelottaient dévotement, nous nous mîmes à recauser de nos souvenirs, si longtemps que l'office était fini quand nous revînmes au hameau.

Un filet de lumière passait sous la porte des Fournel. « Ils veillent leur mort, dit mon cousin. Entrons enfin chez ces pauvres gens, cela leur fera plaisir. »

Dans la cheminée, quelques tisons agonisaient. La pièce noire, vernie de saleté, avec ses solives vermoulues brunies par le temps, était pleine d'une odeur suffocante de boudin grillé. Au milieu de la grande table, sous laquelle la huche au pain s'arrondissait comme un ventre dans toute sa longueur, une chandelle, dans un chandelier de fer tordu, filait jusqu'au plafond l'âcre fumée de sa mèches en champignon. – Et les deux Fournel, l'homme et la femme, réveillonnaient en tête-à-tête.

Mornes, avec l'air navré et la face abrutie des paysans, ils mangeaient gravement sans dire un mot. Dans une seule assiette, posée entre eux, un grand morceau de boudin dégageait sa vapeur empestante. De temps en temps, ils en arrachaient un bout avec la pointe de leur couteau, l'écrasaient sur leur pain qu'ils coupaient en bouchées, puis mâchaient avec lenteur.

Quand le verre de l'homme était vide, la femme, prenant la cruche au cidre, le remplissait.

À notre entrée, ils se levèrent, nous firent asseoir, nous offrirent de « faire comme eux », et, sur notre refus, se remirent à manger.

Au bout de quelques minutes de silence, mon cousin demanda :

– Eh bien, Anthime, votre grand-père est mort ?

– Oui, mon pauv'monsieur, il a passé tantôt.

Le silence recommença. La femme, par politesse, moucha la chandelle. Alors, pour dire quelque chose, j'ajoutai : « Il était bien vieux. »

Sa petite belle-fille de cinquante-sept ans reprit : « Oh ! son temps était terminé, il n'avait plus rien à faire ici. »

Soudain, le désir me vint de regarder le cadavre de ce centenaire, et je priai qu'on me le montrât.

Les deux paysans, jusque-là placides, s'émurent brusquement. Leurs yeux inquiets s'interrogèrent, et ils ne répondirent pas.

Mon cousin, voyant leur trouble, insista.

L'homme alors, d'un air soupçonneux et sournois, demanda :

– À quoi qu'ça vous servirait ?

– À rien, dit Jules, mais ça se fait tous les jours ; pourquoi ne voulez-vous pas le montrer ?

Le paysan haussa les épaules.

– Oh ! moi, j'veux ben ; seulement, à c'te heure-ci, c'est mal aisé.

Mille suppositions nous passaient dans l'esprit. Comme les petits-enfants du mort ne remuaient toujours pas, et demeuraient face à face, les yeux baissés, avec cette tête de bois des gens mécontents, qui semble dire : « Allez-vous-en », mon cousin parla avec autorité :

– Allons, Anthime, levez-vous, et conduisez-nous dans sa chambre. »

Mais l'homme, ayant pris son parti, répondit d'un air renfrogné :

– C'est pas la peine, il n'y est pu, monsieur.

– Mais alors, où donc est-il ?

La femme coupa la parole à son mari :

– J'vas vous dire : J'l'avons mis jusqu'à d'main dans la huche, parce que j'avions point d'place.

Et, retirant l'assiette au boudin, elle leva le couvercle de leur table, se pencha avec la chandelle pour éclairer l'intérieur du grand coffre béant au fond duquel nous aperçûmes quelque chose de gris, une sorte de long paquet d'où sortait, par un bout, une tête maigre avec des cheveux blancs ébouriffés, et, par l'autre bout, deux pieds nus.

C'était le vieux, tout sec, les yeux clos, roulé dans son manteau de berger, et dormant là son dernier sommeil, au milieu d'antiques et noires croûtes de pain, aussi séculaires que lui.

Ses enfants avaient réveillonné dessus !

Jules, indigné, tremblant de colère, cria :

– Pourquoi ne l'avez-vous pas laissé dans son lit, manants que vous êtes ?

Alors la femme se mit à larmoyer, et très vite :

– J'vas vous dire, mon bon monsieur, j'avons qu'un lit dans la maison. J'couchions avec lui auparavant puisque j'étions qu'trois. D'puis qu'il est si malade, j'couchons par terre ; c'est dur, mon brave monsieur, dans ces temps ici. Eh bien, quand il a été trépassé, tantôt, j'nous sommes dit comme ça : Puisqu'il n'souffre pu, c't'homme, à quoi qu'ça sert de l'laisser dans le lit ? j'pouvons ben l'mettre jusqu'à d'main dans la huche, et je r'prendrions l'lit c'te nuit qui s'ra si froide. J'pouvions pourtant pas coucher avec ce mort, mes bons messieurs !...

Mon cousin, exaspéré, sortit brusquement en claquant la porte, tandis que je le suivais, riant aux larmes.

Extrait de *Mademoiselle Fifi.*

Frédéric H. Fajardie

L'étrange Noël de Sedek Bouzzadine

Les vitrines explosèrent.

L'homme préposé à la surveillance tirait comme un cochon, incapable de maîtriser le recul de son gros 45.

En fait, on pourrait dire de cet homme qu'il était incompétent : lorsqu'on a choisi de défendre le capital, on ne tire pas n'importe comment au risque de pulvériser les écrins abritant des diamants, les grandes bourgeoises milliardaires et les coûteuses vitrines de la joaillerie « Arpèges et Clé de Vent »…

Et pourtant, comme l'a dit le poète : « Parfois les fous visent juste. »

Mais en cette occurrence, ce ne fut vraiment pas de sa faute.

*

Patrick Lemaresnier avait gagné. Des jours d'observation et de planque, dans ce quartier où observer et se planquer attiraient rapidement l'attention des représentants de l'ordre, n'avaient pas été inutiles.

Notre homme venait de loin. Des Vosges où le bleu et le vert se confondent à la fraîche dans la douceur des soirs d'automne.

C'était un être attachant, d'un certain point de vue. Ainsi sa naïveté, son courage, son sens de l'honneur et pire encore : ce désir de rester fidèle à sa réputation d'adolescent.

Brillant élève, il excellait dans les exercices physiques et courait sur des kilomètres dans les hautes forêts. Les autres jeunes de Senones – charmante petite ville dont le nom s'écrit indifféremment par la droite ou par la gauche – l'avaient surnommé « le Roi des forêts ».

*

Pour l'heure, le « Roi des forêts » ne se sentait pas bien.

Certes, tout avait parfaitement marché : le pistolet de bois peint en noir mat, le saut sur la caisse, l'alarme qui n'avait pas encore retenti… jusqu'à l'arrivée de cet abruti en uniforme qui, descendant du premier étage, avait entrepris de tirer dans tous les sens.

Lemaresnier avait déjà poussé la porte. Deux, quoi, trois bonds tout au plus et il serait hors de portée de l'imbécile.

Les choses humaines, qui relèvent des rapports alchimiques entre le cœur et l'âme, sont phénomènes curieux, contradictoires et irrationnels… Se sentant responsable, même indirectement, du tir de barrage qui labourait les murs d'« Arpèges et Clé de Vent », Lemaresnier, ex-héros lycéen, ex-« Roi des forêts », ex-journaliste victime d'un « dégraissage d'effectif », eh bien notre homme se retourna et reçut une balle dans l'estomac.

Sous l'impact, il fit un bond de deux mètres et se retrouva sur la chaussée enneigée.

Une sorte de film s'interposait entre ses yeux et la réalité, mais il était conscient, et même terriblement lucide.

Il négligea le pistolet de bois et ramassa son ex-sac de piscine bourré de billets.

Il se remit péniblement debout et tituba dans la neige mais cela dura peu : contrairement aux Parisiens, la neige, il connaissait.

Il se souvint même d'une anecdote : lorsqu'il neigeait trop fort, son père, maçon, restait à la maison, contraint à une sorte de chômage technique… Lemaresnier sourit et balbutia :

– Pauvre papa… Avoue que tu savais pas quoi faire, hein, à tourner en souriant d'un air gêné… Pauvre papa, va.

Il eut envie de pleurer. Pas vraiment parce qu'il allait mourir, non, pas vraiment. Il l'acceptait comme une délivrance parce que, pour les gens tels que Lemaresnier, ce monde sans douceur où les chausse-trapes succèdent aux trahisons, oui, ce monde n'était pas fait pour lui.

Alors pourquoi avait-il envie de pleurer ?

*

L'inspecteur Julien Agnelli avait assisté à toute la scène : le truand éjecté du magasin par l'impact d'une balle de gros calibre, les clientes, clients et personnel de chez « Arpèges et Clé de Vent » – aucun blessé, c'était miracle ! – se relevant et congratulant le surveillant armé d'un 45 là où l'on aurait pu escompter, sinon espérer, un lynchage en bonne et due forme ! Et le tout dans une ambiance de volière survoltée.

L'inspecteur Agnelli maugréa :

– Rien à foutre de ce tas de cons !

Puis, sans hâte, il entreprit de suivre le « truand » qui faisait de gros efforts pour marcher normalement.

*

L'inspecteur Agnelli était un homme d'une cinquantaine d'années, le visage décharné, les cheveux rares coupés court.

Il aurait certes pu « trouer » le « truand » comme une écumoire. Après tout, certains de ses collègues ne se seraient pas gênés pour agir ainsi.

Mais ce n'était pas sa manière. Et puis l'homme allait mourir dans quelques minutes.

– Tu parles d'un Noël ! marmonna Agnelli.

Malgré lui, il ressentait une vague compassion pour cette pauvre carcasse qui se traînait, cerf blessé entendant hurler les chiens comme dans ces chasses à courre qui déshonoreraient ceux qui s'y adonnent si le mot honneur ne leur était pas totalement étranger.

Gêné par cette sorte de fraternité envers le truand, Agnelli pensa à ses propres ennuis.

Il venait de faire un stage instructif sur la pose des écoutes téléphoniques et, après une brève hésitation, avait piégé sa propre ligne, dévoré de curiosité plutôt qu'animé de mauvaises pensées.

Il n'imaginait pas que sa femme le trompait. Vaniteux, il attendait un certain bonheur de l'audition de la cassette où se trouvait enregistrée la dernière conversation de sa femme avec son amie Isabelle.

Aussi, seul dans la cave, regardant d'un air absent le petit magnétophone, avait-il l'impression que l'immeuble lui tombait sur la tête. Ce n'était plus « Julien » mais « IL ». Un « IL » qui vous donnait froid dans le dos, tout chargé qu'il était d'un vieux mépris inavoué.

Et le reste à l'avenant : « ce con », « comment peut-on être aussi con », « quel crétin », « il n'est pas possible »...

Quant au petit paradis de résidence secondaire qu'il lui avait douillettement installé dans les Côtes-d'Armor, il avait également pris du galon : « ce trou perdu, ce que j'en ai marre », « quel boulet, cette odieuse baraque », « et qu'est-ce que je ferais de ce machin s'il LUI arrivait quelque chose ? »

Jusqu'ici, Agnelli avait candidement pensé que « s'il lui arrivait quelque chose », tout le reste n'aurait plus guère d'importance pour la femme qu'il aimait...

– Quelle pomme j'ai fait ! dit-il, les dents serrées.

*

Amar Bouzzadine, quarantaine grisonnante, tenait son fils Sedek, dix ans, par l'épaule.

Tous deux contemplaient avec un pareil émerveillement la vitrine d'un marchand de jouets.

La main du père se referma en une douce caresse sur le cou du fils. Par ce geste, l'ancien anticipait le chagrin du plus jeune lorsqu'ils s'éloigneraient de la boutique sans rien acheter, mais le plus jeune n'y songeait pas : tout cela n'était simplement pas pour lui. Par contre, il aimait quand son père le tenait ainsi, cette manière de lui dire tous les mots qu'il ne connaissait pas, ou qu'il n'aurait osé prononcer.

Sedek Bouzzadine leva les yeux vers son père :

– C'est beau, hein ?

Amar Bouzzadine n'osa pas regarder son fils :
– C'est beau, oui.

*

Le Roi allait mourir. Le Roi des forêts terrassé par un petit tueur, un larbin des rupins et, qui plus est, pas même assermenté.

Lemaresnier s'arrêta en pleine rue et revint sur ses pas, la tête penchée, l'air curieux.

Il vit une main qu'il pensa reconnaître. Une main de maçon, dure, crevassée, abîmée, d'un rouge tirant sur le violet. Il découvrit alors que cette main appartenait à un homme d'une quarantaine d'années tenant son fils par le cou.

Il cligna des yeux, réalisant que ses jambes refusaient le moindre pas.

Il appela faiblement :

– Hé... Vous ?...

Amar Bouzzadine se retourna. Il vit la poitrine en sang, mal dissimulée par un manteau bien coupé.

Il s'approcha et contempla ce regard voilé, déjà lointain.

– Sac !..., dit l'homme blessé.

Amar Bouzzadine hésita, prit le sac et, comme l'homme hochait la tête, il l'ouvrit... découvrant avec stupeur des dizaines de liasses de gros billets.

– Pour... gosse ! .... dit le Roi des forêts qui ajouta : Noël...

Bouzzadine hésitait encore.

Du sang coulait de la bouche du Roi des forêts, éclaboussant son manteau. Sedek, effaré, serrait la main de son père qui hésitait toujours sur le parti à prendre.

L'ex-Roi des forêts sentit qu'il allait « passer », mais, curieusement, les mots lui vinrent plus facilement :

– Volé à des pourris... dépense avec discrétion... Va-t'en, te plaît, vite !

– La paix soit sur toi ! bredouilla Bouzzadine qui entraîna bien vite son fils d'une main et emporta le sac de piscine dans l'autre.

*

Agnelli observa toute la scène avec intérêt puis reçut le braqueur dans ses bras lorsqu'il s'effondra.

Il l'installa contre le bas de vitrine du marchand de jouets et lui montra sa carte tricolore de la Police nationale.

Puis, fasciné par les grands yeux noirs et fiévreux du mourant, il demanda :

– Pourquoi t'as donné l'argent du braquage à l'Arabe qui avait un gamin ?... Hein ?... Pourquoi t'as fait ça ?

– Et toi, pourquoi t'as... laissé... faire ?

Agnelli réfléchit calmement, comme si rien ne pressait :

– Parce que je préfère que ce gosse ait un Noël de rêve et qu'« Arpèges et Clé de Vent » vivent un réveillon de cauchemar.

Le Roi des forêts et le flic bafoué par une épouse qui ne le valait pas échangèrent un sourire de complicité.

Puis, en gosse qu'il était un peu resté, le Roi des forêts tourna la tête vers la vitrine.

Un gros nounours marron semblait le regarder avec indulgence.

C'est avec cette image au fond des yeux qu'il plongea dans le néant.

Extrait de *Perdre la pause.*

Nicolas Denisot

D'où vient qu'en cette nuitée…

D'où vient qu'en cette nuitée
Tout le ciel en feu reluit,
Je dis même à plein minuit
D'une flamme inusitée ?
Et d'où vient cette clarté
Que de ses rayons efface
Le plus beau jour qui se fasse
Au plus ardent de l'été ?

Ô quelle voix angélique !
Quel accord mélodieux !
On entend même les cieux
Bondir de cette musique.
Recueille-toi, ô mon cœur,
Ô mon âme, je t'appelle
Pour voir la sainte chapelle
De tout le céleste chœur.

Sortez donc de cette prée,
Pasteurs, sortez de ce lieu.

Allez voir le Fils de Dieu
Né de la Vierge sacrée.
Allez voir cet enfant beau,
Enfant qui un jour doit être
Le bon pasteur et vrai maître
Reconnu de son troupeau...

Extrait du *Cantique du premier avènement de Jésus-Christ.*

Anonyme

Dictons de Noël

On a tant crié, on a tant chanté Noël, qu'à la fin il est venu.

*

Quant les Avents de Noël sont fleuris
Il y aura abondance de fruits.

*

Un mois avant, un mois après Noël,
Le froid se montre plus cruel.

*

À la Saint-Thomas,
Cuis ton pain, lave tes draps,
Dans trois jours Noël t'auras.

*

Noël humide,
Greniers et tombeaux vides.

*

Quand Noël est étoilé,
Force paille, guère de blé.

*

Claire nuit de Noël,
Claire javelle.

*

À Noël, nuit noire,
Signe de blé noir.

*

Lune de Noël gouverne le temps
Jusqu'à la Saint-Jean.

*

Noël sans lune,
De deux vaches on en mange une.

*

Qui va à la messe de minuit avec la lune,
De deux brebis doit en vendre une.

*

Quand Noël tombe un jeudi,
Charrettes et bœufs tu peux vendre.
Mais s'il tombe un vendredi,
Le blé roule par les cendres.

*

Noël au balcon,
Pâques au tison.

*

Regarde comme sont menées
Depuis Noël douze journées,
Car suivant ces douze jours,
Les douze mois auront leur cours.

Choisis par Sébastien Lapaque.

HANS CHRISTIAN ANDERSEN

Le Sapin

Au poète, M. le professeur, chevalier, etc., Frédéric Hoegh-Guldberg, le premier qui, dans sa vieillesse, fit pénétrer un peu de soleil dans le conte de ma propre vie, je porte ces pages.

Dans la forêt, il y avait un joli sapin. Il était bien placé : du soleil, il pouvait en avoir, de l'air, il y en avait suffisamment et tout autour poussaient beaucoup de camarades plus grands, sapins et pins à la fois. Mais le petit sapin était très impatient de grandir. Il ne pensait pas au chaud soleil et à l'air frais, il n'avait cure des enfants de paysans qui passaient, bavardant quand ils allaient cueillir des fraises ou des framboises. Souvent, ils en avaient un pot tout plein, ou des fraises embrochées sur une paille, puis ils s'asseyaient près de l'arbrisseau en disant :

– Oh ! comme il est mignon, ce petit-là !

Cela, l'arbre ne voulait absolument pas l'entendre.

L'année suivante, il s'était allongé d'un nœud, et l'année d'après d'un encore beaucoup plus long. Car on peut toujours voir, dans un sapin, le nombre de ses années d'après le nombre de ses nœuds.

– Oh ! si j'étais un grand arbre comme les autres, soupirait l'arbrisseau, je pourrais étendre mes branches loin à la ronde et, de ma cime, contempler le vaste monde ! Les oiseaux feraient leurs nids parmi mes branches et, quand le vent soufflerait, je pourrais hocher la tête aussi dignement que les autres, là !

Il ne tirait aucun plaisir de l'éclat du soleil, des oiseaux ou des nuages rouges qui, matin et soir, voguaient au-dessus de lui.

Si c'était l'hiver et que la neige, alentour, fût d'un blanc étincelant, un lièvre s'en venait courant et sautait juste au-dessus du petit arbre – oh ! que c'était vexant ! Mais deux hivers passèrent, et, le troisième, l'arbre était si grand que le lièvre dut en faire le tour.

– Oh ! grandir, grandir, devenir grand et vieux, c'étaient tout de même les seules délices en ce monde, pensait l'arbre.

En automne, les bûcherons venaient toujours abattre quelques-uns des arbres les plus grands, cela se produisait chaque année, et le jeune sapin, qui était maintenant de tout à fait belle taille, en tremblait car les grands arbres magnifiques tombaient à terre avec fracas. On leur coupait les branches, ils avaient l'air tout nus, longs et minces. Ils étaient presque méconnaissables, et puis on les chargeait sur des chariots, et des chevaux les emportaient de la forêt.

Où allaient-ils ? Qu'est-ce qui les attendait ?

Au printemps, quand l'hirondelle et la cigogne arrivèrent, l'arbre leur demanda :

– Est-ce que vous savez où on les emporte ? Vous ne les avez pas rencontrés ?

Les hirondelles ne savaient rien, mais la cigogne eut l'air pensif, hocha la tête et dit :

– Je crois bien ! J'ai rencontré beaucoup de bateaux neufs en revenant d'Égypte. Il y avait sur ces bateaux de grands mâts magnifiques, j'ose dire que c'étaient eux, ça sentait le sapin ! Je t'apporte toutes leurs salutations, ils portent haut la tête, ils portent haut la tête !

– Oh ! si, moi aussi, j'étais assez grand pour voler au-dessus de la mer ! En fait, comment elle est, cette mer, et à quoi ressemble-t-elle ?

– Euh ! c'est compliqué à expliquer ! dit la cigogne, qui s'en alla.

– Réjouis-toi de ta jeunesse, disaient les rayons du soleil, réjouis-toi de pousser et d'être en bonne santé, de la jeune vie qui est en toi !

Et le vent embrassa l'arbre, et la rosée versa des larmes dessus, mais le sapin ne comprit pas.

Quand ce fut l'époque de Noël, on abattit de tout jeunes arbres, des arbres qui, souvent, n'étaient même pas aussi grands ni aussi âgés que ce sapin qui ne connaissait pas de repos et voulait toujours partir. Ces jeunes arbres – c'étaient précisément les plus beaux – gardaient toujours toutes leurs branches, on les mettait dans des chariots, et des chevaux les emportaient de la forêt.

– Où vont-ils ? demandait le sapin. Ils ne sont pas plus grands que moi, il y en avait même un qui était beaucoup plus petit. Pourquoi ont-ils gardé toutes leurs branches ? Où les a-t-on conduits ?

– Nous le savons ! Nous le savons ! pépiaient les moineaux. Nous avons regardé par les carreaux, en ville ! Nous savons où on les a emportés ! Oh ! là où ils arrivent, ils sont dans le plus grand éclat, la plus grande splendeur que l'on puisse imaginer ! Nous avons jeté un coup d'œil par les fenêtres, nous avons vu qu'on les installe au milieu du salon bien chauffé et qu'on les décore des choses les plus ravissantes, pommes dorées, pains d'épice, jouets et des centaines de bougies.

– Et ensuite ? demanda le sapin en tremblant de toutes ses branches. Et ensuite ? Qu'est-ce qui se passe ensuite ?

– Euh… Nous n'en savons pas davantage ! C'était formidable !

– Et si, moi aussi, on me faisait prendre cette voie radieuse ? exultait l'arbre. C'est encore mieux que de traverser la mer ! Comme le désir me fait souffrir ! Si encore c'était Noël ! Me voici aussi haut et large que les autres qui ont été emportés l'an dernier !… Oh ! si j'étais déjà sur le chariot ! Si seulement j'étais dans le salon bien chaud dans tout cet éclat et cette splendeur ! et alors… ? Eh bien, il arriverait quelque chose d'encore meilleur, d'encore plus beau, sinon, pourquoi me décorerait-on ainsi ! Il faut qu'il arrive quelque chose d'encore plus grand, encore plus splendide… ! Mais quoi ? Oh ! je souffre ! je languis ! Je ne sais plus où j'en suis !

– Réjouis-toi avec moi ! disait l'air, disait la lumière du soleil. Réjouis-toi de ta saine jeunesse au grand air !

Mais il ne se réjouissait pas du tout. Il poussait, poussait, il restait vert, hiver comme été. Vert foncé, il restait. Les gens qui le voyaient disaient : « C'est un arbre superbe ! » et, à l'époque de Noël, ce fut le premier de tous à être abattu. La hache s'enfonça profondément dans ses moelles, l'arbre tomba à terre en poussant un soupir, il sentait une douleur, une faiblesse, il était absolument incapable de penser à un quelconque bonheur, il était triste de quitter son foyer, le lieu où il avait poussé. Il savait bien qu'il ne verrait jamais plus ses chers vieux camarades, les petits buissons et les fleurs alentour, et peut-être même pas les oiseaux. Son départ n'eut vraiment rien d'agréable.

Il ne retrouva ses esprits que lorsque, dans la cour, il fut déchargé avec les autres arbres et entendit un homme dire :

– Celui-là est magnifique ! Nous n'en prendrons pas d'autre !

Deux domestiques en beaux atours vinrent rentrer le sapin dans une superbe grande salle. Tout autour, aux murs, étaient accrochés des portraits, et, près du grand poêle de faïence, il y avait de grands vases chinois avec des lions sur le couvercle. Il y avait des fauteuils à bascule, des sofas de soie, de grandes tables couvertes de livres d'images et de jouets pour des centaines et des centaines de rixdales..., à ce que disaient les enfants, du moins. Et l'on dressa le sapin dans un grand tonneau plein de sable, mais personne ne pouvait voir que c'était un tonneau car on l'avait entouré de tissu vert et il était sur un grand tapis bariolé. Oh ! comme l'arbre frémissait ! Qu'allait-il donc se passer ? Des domestiques et des demoiselles étaient en train de le décorer. Ils accrochaient à une branche de petits filets découpés dans du papier de couleur. Chaque filet était empli de bonbons. Des pommes et des noix dorées pendaient comme si elles avaient poussé là et plus de cent petites bougies rouges, bleues et blanches étaient fixées sur les branches. Des poupées qui avaient vraiment l'air de personnes humaines – l'arbre n'en avait jamais vu de pareilles encore – planaient dans la verdure et tout en haut, à sa cime, on mit une grosse étoile toute pailletée d'or. C'était magnifique, d'une magnificence inouïe.

– Ce soir, disaient-ils tous, ce soir, il va resplendir !

– Oh ! pensait l'arbre, si seulement on était ce soir ! Si seulement on allumait bientôt les bougies ! et qu'est-ce qui va se passer alors, hein ? Supposons que les arbres de la forêt viennent me regarder ?Que les moineaux volent près des carreaux ? Que je pousse ici et reste décoré hiver comme été ?

Pour en savoir long, il en savait long. Seulement, il avait, d'impatience, solidement mal à l'écorce et, pour un arbre, le mal à l'écorce est aussi pénible que, pour nous autres, le mal de tête.

Et puis les bougies furent allumées. Quel éclat, quelle magnificence ! l'arbre en frémissait de toutes ses branches, si bien qu'une des bougies mit le feu à la verdure. Cela flamba comme il faut.

– Dieu nous garde ! crièrent les demoiselles en se dépêchant d'éteindre.

L'arbre n'osait pas frémir. Oh ! quelle horreur ! Il avait tellement peur de perdre de sa parure. Il était complètement bouleversé dans tout son éclat... et alors, la porte s'ouvrit à deux battants et une foule d'enfants se précipitèrent comme s'ils voulaient culbuter l'arbre. Les grandes personnes suivaient plus posément. Les petits restèrent silencieux... mais un instant seulement, puis ils reprirent leurs cris de joie, cela faisait un joli charivari ! Ils dansaient autour de l'arbre et les cadeaux furent cueillis l'un après l'autre.

– Mais qu'est-ce qu'ils font donc ? pensait l'arbre. Qu'est-ce qui va se passer ?

Et les bougies brûlaient jusqu'aux branches, au fur et à mesure qu'elles étaient consumées ; on les éteignait et les enfants eurent la permission de dépouiller l'arbre. Hou ! Ils se précipitèrent dessus si fort qu'il craqua de toutes ses branches. S'il n'avait pas été attaché au plafond par sa cime et l'étoile d'or, il aurait été renversé.

Les enfants dansaient en rond avec leurs jouets magnifiques, personne ne regardait l'arbre en dehors de la vieille bonne d'enfants qui allait jetant un coup d'œil parmi les branches, mais c'était seulement pour voir si l'on n'avait pas oublié une figue encore, ou une pomme.

– Une histoire ! une histoire ! crièrent les enfants en tirant vers l'arbre un petit homme ventru.

Il s'assit juste en dessous :

– Comme ça, nous sommes dans la verdure, dit-il, et ça peut faire beaucoup de bien à l'arbre d'écouter aussi ! Mais je ne raconterai qu'une histoire. Voulez-vous entendre celle d'Ivede-Avede, ou celle de Klumpe-Dumpe qui tomba dans les escaliers et qui arriva tout de même sur le siège d'honneur et épousa la princesse ?

– Ivede-Avede ! crièrent certains.

– Klumpe-Dumpe ! crièrent d'autres.

Quel vacarme cela faisait ! Seul, le sapin se taisait, très calme, pensant :

– Et moi, je n'en serais pas, je vais rester à ne rien faire ?

Il avait été de la fête, tout de même, il avait fait ce qu'il avait à faire.

Et l'homme raconta l'histoire de Klumpe-Dumpe qui tomba dans les escaliers et qui arriva tout de même sur le siège d'honneur et qui épousa la princesse. Et les enfants applaudirent en disant :

– Raconte ! raconte !

Ils voulaient Ivede-Avede aussi, mais ils n'eurent que l'histoire de Klumpe-Dumpe. Le sapin restait très calme et pensif, jamais les oiseaux de la forêt n'avaient rien raconté de pareil.

– Klumpe-Dumpe est tombé dans les escaliers et il a tout de même épousé la princesse ! C'est ça, c'est comme ça que ça se passe dans le monde ! pensait le sapin qui croyait que c'était vrai parce que c'était un homme si gentil qui racontait. Eh oui ! qui sait ! Peut-être que moi aussi je tomberai dans les escaliers et j'épouserai une princesse !

Et il se réjouit d'être, le lendemain, vêtu de lumières, de jouets, d'or et de fruits.

– Demain, je ne tremblerai pas ! pensa-t-il. Je me réjouirai comme il faut dans toute ma splendeur. Demain, je vais de nouveau entendre l'histoire de Klumpe-Dumpe et peut-être celle d'Ivede-Avede.

Et l'arbre resta immobile et pensif toute la nuit.

Le lendemain, un domestique et une bonne entrèrent.

– Voilà la fête qui recommence ! pensa l'arbre, mais ils le traînèrent hors du salon, lui firent monter l'escalier, l'entrèrent au grenier et là, dans un coin obscur où ne brillait aucune lueur de jour, ils le déposèrent.

– Qu'est-ce que ça signifie ? pensa l'arbre. Qu'est-ce que je vais faire ici ? Qu'est-ce que je vais bien pouvoir entendre ?

Et il s'appuya au mur, réfléchissant, réfléchissant... Et il avait tout son temps, car des jours et des nuits passèrent. Personne ne venait là-haut et quand enfin il arrivait quelqu'un, c'était pour déposer de grandes caisses dans le coin. L'arbre était complètement caché, on aurait cru qu'il était tout à fait oublié.

– Maintenant, c'est l'hiver, dehors ! pensait l'arbre. Le sol est dur et couvert de neige, on ne peut pas me planter. Ce doit être pour ça que je dois rester ici à l'abri pour le printemps ! Comme tout cela est bien pensé ! comme les humains sont bons tout de même !... Si seulement il ne faisait pas si noir ici et qu'on ne soit pas dans une solitude aussi effroyable !... Pas même un petit lièvre !... C'était tout de même amusant, là-bas, dans la forêt, quand il y avait de la neige et que le lièvre passait en bondissant. Et même quand il me sautait par-dessus, mais ça ne me plaisait pas en ce temps-là. Ici, on est tout de même dans une solitude effroyable !

– Pip ! pip ! dit soudain une petite souris en se glissant hors de son trou.

Et il en arriva une petite encore. Elles flairèrent le sapin et se glissèrent entre ses branches.

– Il fait un froid terrible ! dirent les petites souris. Sinon, on est rudement bien, ici ! N'est-ce pas, vieux sapin ?

– Je ne suis pas vieux du tout, dit le sapin, il y en a beaucoup de bien plus vieux que moi !

– D'où viens-tu, demandèrent les souris, et que sais-tu ?

Elles étaient terriblement curieuses.

– Parle-nous de l'endroit le plus délicieux sur terre ! Tu y as été ? As-tu été dans le garde-manger où il y a des fromages sur les étagères et où des jambons sont pendus au plafond, où l'on danse sur des chandelles de suif : on y entre maigre, on en sort grasse !

– Je ne le connais pas, dit l'arbre, mais je connais la forêt où le soleil brille et où les oiseaux chantent !

Et il raconta toutes sa jeunesse, et jamais encore les petites souris n'avaient rien entendu de pareil, et elles écoutèrent attentivement et dirent :

– Toutes les choses que tu as vues ! Comme tu as été heureux !

– Moi ! dit le sapin en réfléchissant à ce qu'il racontait lui-même... Oui, au fond, c'étaient des temps très agréables !...

Et puis il leur raconta le soir de Noël quand il était décoré de bonbons et de bougies.

– Oh ! dirent les petites souris, comme tu as été heureux, vieux sapin !

– Je ne suis pas vieux du tout, dit l'arbre, c'est cet hiver que je suis venu de la forêt, quand même ! Je suis dans la fleur de l'âge, c'est seulement que j'ai arrêté ma croissance !

– Comme tu racontes bien ! » dirent les petites souris.

Et, la nuit suivante, elles vinrent avec quatre autres souricettes qui voulaient entendre l'arbre raconter, et plus il racontait, mieux il se rappelait tout :

– C'étaient tout de même des temps bien amusants ! mais ils peuvent venir, ils peuvent venir ! Klumpe-Dumpe est tombé dans les escaliers et a quand même épousé la princesse, peut-être que moi aussi, je pourrai épouser une princesse…

Et le sapin pensa à un mignon petit bouleau qui poussait dans la forêt : c'était vraiment une charmante princesse pour le sapin.

– Qui est Klumpe-Dumpe ? demandèrent les petites souris.

Et le sapin raconta toute l'histoire, il se la rappelait mot pour mot. Et les petites souris étaient sur le point de grimper à la cime de l'arbre, par pur plaisir. La nuit suivante, il arriva beaucoup plus de souris et, le dimanche, il vint même deux rats. Mais ils dirent que l'histoire n'était pas amusante et cela affligea les petites souris car l'histoire leur plut moins, à elles aussi.

– C'est la seule histoire que vous sachiez ? demandèrent les rats.

– C'est la seule, répondit l'arbre, je l'ai entendue le soir de mon plus grand bonheur, mais cette fois-là, je ne savais pas à quel point j'étais heureux !

– C'est une histoire excessivement mauvaise ! Vous n'en savez aucune qui parle de lard et de chandelles de suif ? Aucune histoire de garde-manger ?

– Non ! dit l'arbre.

– Bon, alors, merci ! répondirent les rats qui rentrèrent chez eux.

Les petites souris aussi finirent par disparaître, et alors l'arbre soupira :

– C'était tout de même vraiment formidable quand elles étaient autour de moi, ces vives petites souris, et qu'elles écoutaient ce que je racontais ! Maintenant, c'est fini, ça aussi… mais je me rappellerai qu'il faut que je m'amuse quand on me ressortira !

Et quand cela se produisit-il ?… Eh bien ! Ce fut un matin, des gens vinrent fouiller dans le grenier. Les caisses furent déplacées, l'arbre, tiré. Assurément, on le jeta un peu rudement sur le sol, mais aussitôt un homme le traîna vers l'escalier où le jour brillait.

« Maintenant, la vie recommence ! » pensa l'arbre.

Il sentait l'air frais, le premier rayon du soleil... et voilà qu'il était dans la cour. Tout alla si vite, l'arbre oublia totalement de se regarder, il y avait tant de choses à voir alentour. La cour ouvrait sur un jardin où tout était en fleurs. Les roses couraient, fraiches et parfumées, sur la petite barrière, les tilleuls étaient en fleur, et les hirondelles volaient de çà de là, disant :

– Kvirre-virre-vit, mon mari est arrivé !

Mais ce n'était pas au sapin qu'elles pensaient.

– Maintenant, je vais vivre, exultait le sapin en déployant ses branches. Hélas ! elles étaient toutes flétries et jaunes. C'était dans le coin, parmi les mauvaises herbes et les orties, qu'il gisait, l'étoile de papier doré était encore à sa cime et scintillait au clair soleil.

Dans la cour jouaient quelques-uns des joyeux enfants qui, à l'époque de Noël, avaient dansé autour de l'arbre et y avaient pris tant de plaisir. Un des plus petits courut arracher l'étoile d'or.

– Regardez ce qu'il y avait encore sur ce sale vieil arbre de Noël ! dit-il en piétinant les branches qui craquèrent sous ses bottes.

Et l'arbre regarda toute cette splendeur de fleurs et toute cette fraîcheur du jardin, il se regarda lui-même et il souhaita être resté dans son coin obscur au grenier. Il pensa à sa verte jeunesse dans la forêt, au joyeux soir de Noël et aux petites souris qui avaient été si contentes d'entendre l'histoire de Klumpe-Dumpe.

– Fini ! fini ! dit le pauvre arbre. Si, au moins, je m'étais réjoui pendant que je le pouvais ! Fini ! fini !

Et le domestique vint couper l'arbre en petits morceaux, il y en eut tout un tas. Il flamba superbement sous la grande marmite. Et il soupira profondément, chaque soupir était comme une petite détonation. Aussi, les enfants qui jouaient accoururent-ils s'asseoir devant le feu, le regardant en criant : « Pif !paf ! » mais à chaque éclatement, qui était un profond soupir, l'arbre pensait à un jour d'été dans la forêt, à une nuit d'hiver là-bas quand les étoiles brillaient. Il pensait au soir de Noël et à Klumpe-Dumpe, le seul conte qu'il eût entendu et qu'il sût dire... et puis l'arbre fut consumé.

Les enfants jouaient dans la cour, le plus petit arborait sur la poitrine l'étoile d'or que l'arbre avait portée le soir où il avait été le plus heureux. C'était fini maintenant, et l'arbre était fini et l'histoire avec lui. Fini, fini, comme toutes les histoires.

Extrait des *Contes.*
Traduit du danois par Régis Boyer.

Charles Dickens

Festivités de Noël

La fête de Noël ! oh ! oui, ce doit être un misanthrope, l'homme auquel le retour de Noël n'inspire pas un certain sentiment de joie, ne rappelle pas quelque agréable souvenir. Il y a des gens qui vous diront que Noël n'est plus pour eux ce qu'il avait coutume d'être autrefois ; qu'à chaque fête de Noël successive ils ont constaté qu'une espérance qu'ils avaient longtemps nourrie s'était évanouie, qu'un bonheur sur lequel ils avaient cru pouvoir compter ne s'était pas réalisé ; et que le présent n'a d'autre effet que de les faire souvenir d'un changement fâcheux dans leur position, d'une diminution de leurs revenus, des fêtes qu'ils avaient données jadis à de faux amis, et des regards froids qui les repoussent maintenant que le malheur les accable. Chassez ces tristes réminiscences. Parmi les hommes qui ont vécu assez longtemps dans le monde, il n'en est qu'un très petit nombre qui ne puissent pas évoquer de telles pensées tous les jours de l'année. Aussi ne devez-vous pas choisir le plus joyeux des 365 pour vous rappeler vos chagrins passés ; approchez votre chaise du feu ardent qui pétille : remplissez votre verre ; entonnez la chanson de Noël, et si votre chambre est plus petite qu'elle ne l'était il y a une douzaine d'années environ, ou si votre verre est rempli de punch fumant au lieu d'un vin mousseux, prenez la chose du bon côté ; videz-le d'un trait ; remplissez-en un autre, répétez le vieux refrain que vous aviez coutume de chanter, et remerciez Dieu qu'il ne vous ait pas rendu plus malheureux. Regardez les visages joyeux de vos enfants assis en cercle autour du feu ; une petite chaise est peut-être inoccupée ; un petit être, dont la vue réjouissait le cœur du père et faisait l'orgueil de la mère, manque peut-être à la réunion de famille ; ne songez pas trop au passé ; ne pensez pas qu'il y un an seulement – une année si courte – le bel enfant actuellement réduit en poussière était là assis devant vous, la fleur de la santé sur ses joues et l'insouciance badine de l'enfance dans son regard joyeux. Réfléchissez à vos bonheurs présents – tout homme en a beaucoup – et non à vos malheurs passés – dont chacun aussi a sa part ici-bas. Remplissez de nouveau votre verre, avec un visage joyeux et un cœur content ; sur ma vie, passez gaiement le jour de Noël, et l'année qui va commencer sera pour vous une heureuse année.

Qui peut être insensible aux manifestations de bonté et aux témoignages mutuels d'affection que renouvelle cette saison de l'année ? Une fête de famille à Noël ! Nous ne connaissons rien dans la nature de plus délicieux ! on dirait que le seul nom de Noël possède un pouvoir magique. Les mesquines jalousies et les petites discordes sont oubliées ; des sentiments sociables s'éveillent dans des cœurs qui y avaient été longtemps étrangers ; le père et le fils, ou le frère et la sœur qui, plusieurs mois avant Noël, en se rencontrant, avaient détourné la tête ou s'étaient contentés de témoigner par un regard froid qu'ils se connaissaient encore, s'offrent et se rendent alors un embrassement cordial ; ils ensevelissent leurs animosités passées dans leur bonheur présent. Des âmes d'élite qui s'étaient jadis senties attirées l'une vers l'autre, mais que de fausses idées d'orgueil et de dignité personnelle retenaient éloignées, sont de nouveau réunies. Tout est bonté et bienveillance. Plût à Dieu que Noël durât toute l'année, et que les préjugés et les penchants, qui gâtent notre meilleure nature, n'exerçassent jamais aucun empire sur ceux auxquels ils devraient être toujours étrangers !

La fête de famille de Noël, dont nous voulons parler, n'est pas une simple agrégation de parents invités depuis huit ou quinze jours, ayant lieu pour la première fois cette année, ne se rattachant à aucun précédent du même genre et ne devant vraisemblablement plus se renouveler ; c'est une réunion annuelle de tous les membres de la famille qui peuvent en faire partie, jeunes ou vieux, riches ou pauvres ; et dont deux mois auparavant tous les enfants attendent le retour avec la fièvre de l'impatience. Autrefois elle avait lieu chez le grand-papa ; mais le grand-papa est devenu vieux et la grand-maman est devenue vieille aussi ; l'âge a amené les infirmités : renonçant donc à leur train de maison, ils se sont mis en pension chez l'oncle George, de sorte que la réunion a toujours lieu chez l'oncle George ; mais la grand-maman y envoie la majeure partie des meilleures choses, et le grand-papa *veut* toujours se rendre à pied en tremblotant jusqu'au marché de Newgate pour y acheter la dinde, et il fait porter son emplette en triomphe derrière lui par un commissionnaire, auquel il ne manque jamais de donner, outre le prix convenu, un verre de liqueur, en lui recommandant de porter ce toast : « Un joyeux Christmas et un heureux nouvel an à la tante George ! » Quant à la grand-maman, elle se montre très discrète et très mystérieuse les deux ou trois jours qui précèdent celui de la fête, mais elle ne l'est pas assez pour empêcher certains bruits de se répandre. On se dit tout bas qu'elle a acheté un magnifique bonnet neuf avec des rubans roses pour chacun des domestiques ; plusieurs livres, des canifs et des porte-crayons, destinés aux membres les plus jeunes de la famille, pour ne pas parler de diverses additions à la commande primitivement faite par la tante George chez le pâtissier, telles qu'une autre douzaine de gâteaux de Noël (*minced pie*) pour le dîner, et un énorme baba pour les enfants.

La veille de Noël, la grand-maman est toujours gaie. Après avoir occupé tous les enfants pendant la journée à enlever les pépins des raisins de Corinthe et à divers autres travaux, chaque année régulièrement elle prie l'oncle George de descendre à la cuisine, d'ôter son habit et de remuer le pudding une demi-heure ou à peu près, ce que l'oncle George fait avec une bonne humeur charmante, à la grande et bruyante satisfaction des enfants et des domestiques ; et la soirée se termine par une superbe partie de colin-maillard, dès le début de laquelle le grand-papa a grand soin de se laisser prendre pour avoir une occasion de déployer son adresse.

Le lendemain matin, le vieux couple, accompagné d'autant d'enfants que le banc peut en contenir, se rend à l'église en grande toilette, laissant à la maison la tante George, qui époussette les carafes et remplit les flacons, et l'oncle George, qui transporte les bouteilles dans la salle à manger, demande les tire-bouchons, et se trouve sur le passage de tout le monde.

Lorsque les grands-parents et les enfants reviennent de l'église pour goûter, le grand-papa tire de sa poche une petite branche de gui [1], et il dit aux petits garçons d'essayer d'embrasser leurs petites cousines qui passeraient dessous. Ces tentatives procurent aux petits garçons et au grand-papa une satisfaction sans bornes, mais elles outragent les idées de décorum de la grand-maman, tant que le grand-papa ne lui a pas dit qu'il avait treize ans et trois mois lorsqu'il l'embrassa aussi sous un gui ; à ces mots, les enfants battent des mains et rient de grand cœur ; ainsi que la tante George et l'oncle George, et la grand-maman paraît satisfaite, et dit avec un sourire bienveillant que le grand-papa fut toujours un *scélérat* ; et les enfants d'éclater de rire de nouveau de tout cœur, et le grand-papa de rire encore de meilleur cœur qu'aucun d'eux.

Mais toutes ces distractions ne sont rien comparées à la scène plus animée qui leur succède, quand la grand-maman, avec un grand bonnet et une robe de soie couleur d'ardoise, et le grand-papa avec un jabot magnifiquement plissé et une cravate blanche, s'asseyent dans le salon de chaque côté du feu ; les enfants de l'oncle George et une quantité innombrable de petits cousins assis en face de la cheminée, pour y attendre l'arrivée de visiteurs toujours impatiemment désirés. Tout à coup on entend un fiacre s'arrêter à la porte, et l'oncle George, qui a été regarder à la fenêtre, s'écrie : « C'est Jane. » À ces mots, les enfants se précipitent à la porte, et descendent pêle-mêle l'escalier ; et l'oncle Robert et la tante Jane, et le cher petit enfant, et la nourrice, et toute la famille montent l'escalier et sont introduits dans le salon au milieu des cris tumultueux de *oh my !* que poussent les enfants, et des avertissements réitérés que leur donnent les parents

1. Le jour de Noël, on pend une branche de gui dans le salon, et toutes les personnes qui passent dessous doivent se laisser embrasser.

de ne pas faire de mal à l'enfant que porte la nourrice ; le grand-papa prend l'enfant et la grand-maman embrasse sa fille, et à peine le désordre de la première entrée s'est-il apaisé que d'autres oncles et d'autres tantes arrivent avec un plus grand nombre de cousins, et les cousins, qui sont déjà grands, jouent ensemble, ainsi que les cousins qui sont encore petits, et on n'entend plus rien qu'un mélange confus de paroles, d'éclats de rire et d'autres manifestations de joie.

Un double coup de marteau, frappé d'une main timide à la porte de la rue, s'est fait entendre dans le salon pendant un silence momentané ; chacun se demande : « Qui est-ce ? » et deux ou trois enfants, qui se tenaient près de la fenêtre, annoncent d'une voix basse : « La pauvre tante Marguerite. » Aussitôt la tante George quitte le salon pour aller recevoir la nouvelle venue, et la grand-maman prend un air plus roide et plus cérémonieux, car Marguerite a épousé un homme pauvre sans son consentement, et la pauvreté n'étant pas un châtiment suffisant pour son crime, ses amis l'ont abandonnée, et elle a dû renoncer forcément à la société de ses parents les plus chers. Mais Noël est revenu, et les mauvais sentiments qui, durant l'année, ont combattu les bonnes dispositions naturelles, ont cédé à son influence féconde, comme la glace à peine formée pendant la nuit se fond aux rayons du soleil levant. Dans un moment de colère, un père ou une mère peut facilement se priver du plaisir de voir une fille désobéissante, mais la chasser, à une époque de bonté et de joie générales, de ce foyer autour duquel elle a pris place à tant d'autres anniversaires du même jour, passant lentement par de nombreux degrés de l'enfance à la jeunesse, et alors devenant tout à coup, presque sans que rien eût annoncé une pareille transformation, une belle et forte femme, cela est tout à fait différent. L'air de vertu un peu vaine et de froid pardon que la vieille dame s'est efforcée de prendre lui va mal ; et quand la pauvre fille est amenée par sa sœur, la figure pâle et le cœur abattu – ce n'est pas la pauvreté, car elle saurait la supporter, mais le sentiment d'un abandon immérité et d'une injuste dureté qui cause son chagrin –, il est facile de voir à quel point cet air est feint… Un profond silence règne alors pendant quelques instants ; puis la jeune femme s'arrache tout à coup des bras de sa sœur, et se jette, en sanglotant, au cou de sa mère. Le père s'empresse d'accourir et serre la main du mari. Les amis forment un cercle autour d'eux pour leur offrir leurs congratulations sincères, et sa parfaite union complète de nouveau le bonheur de la famille.

Quant au dîner, il est de tous points délicieux ; rien ne va de travers, et chacun est dans les meilleures dispositions pour faire partager aux autres convives la satisfaction qu'il éprouve. Le grand-papa entreprend un récit détaillé de l'achat de la dinde, mais il se laisse entraîner à une légère digression relative à l'achat des dindes des fêtes de Noël précédentes, et la grand-maman en confirme par son témoignage les circonstances les plus minutieuses. L'oncle George raconte des histoires, découpe la volaille, boit du vin, plaisante avec les enfants relégués à la petite table, lance des regards moqueurs aux cousins qui font la cour à leurs cousines et aux cousines qui reçoivent les hommages de leurs cousins ; il réjouit tous les convives par sa bonne humeur et son hospitalité, et quand enfin un vigoureux domestique entre en chancelant avec un pudding gigantesque couronné d'une branche de houx, les éclats de rire et les acclamations des petites bouches roses, les battements des petites mains potelées, les piétinements des petites jambes, courtes et grasses contre la table font presque autant de bruit que les applaudissements qu'arrache aux plus jeunes des convives étonnés le spectacle d'un bol d'eau-de-vie enflammé versé sur les gâteaux de Noël. Alors vient le dessert ! et le vin ! alors viennent les plaisanteries ! Le mari de la tante Marguerite, qui se trouve être un homme aimable, et qui est *si* attentif pour la grand-maman, prononce de si beaux discours et chante de *telles* chansons ! Le grand-papa lui-même ne se contente pas de chanter sa chanson annuelle avec une vigueur nouvelle ; mais, honoré d'un *encore* unanime selon la coutume annuelle, il entonne une nouvelle chanson que personne, à l'exception de la grand-maman, ne lui avait entendu chanter auparavant, et un mauvais garnement de jeune cousin, qui était assez mal vu des vieux parents pour avoir négligé de leur rendre visite et persisté à boire l'ale Burton, étonne et fait se tordre de rire tous les convives en chantant, sans en être prié, les chants les plus comiques qui aient jamais retenti à leurs oreilles. Ainsi, la soirée se passe – soirée de bonté et de gaieté rationnelles, plus propre à éveiller les sympathies de tous les membres de la famille en faveur de leur voisin, et d'entretenir leurs bons sentiments durant toute l'année suivante, que toutes les homélies écrites jusqu'à ce jour par tous les ministres protestants.

Extrait des *Esquisses de Boz*.
Traduit de l'anglais par Adolphe Joanne.

José-Maria de Heredia

Épiphanie

Donc, Balthazar, Melchior et Gaspar, les Rois mages,
Chargés de nefs d'argent, de vermeil et d'émaux
Et suivis d'un très long cortège de chameaux,
S'avancent, tels qu'ils sont dans les vieilles images.

De l'Orient lointain, ils portent leurs hommages
Aux pieds du fils de Dieu, né pour guérir les maux
Que souffrent ici-bas l'homme et les animaux ;
Un page noir soutient leurs robes à ramages.

Sur le seuil de l'étable où veille saint Joseph,
Ils ôtent humblement la couronne du chef
Pour saluer l'Enfant qui rit et les admire.

C'est ainsi qu'autrefois, sous Augustus Cæsar,
Sont venus, présentant l'or, l'encens et la myrrhe,
Les Rois mages Gaspar, Melchior et Balthazar.

Extrait des *Trophées*.

Selma Lagerlöf

Le Crâne

Il était une fois, dans la commune de Svartsjö, dans la province du Värmland, un homme qui, le jour du réveillon de Noël, fit une tournée de ses amis pour les inviter à partager le repas du soir, mais ne trouva personne qui voulût quitter sa maison. Il parcourut ainsi un bon bout de chemin mais finalement, quand la nuit commença à tomber sans qu'il eût réussi à attirer un seul hôte, il comprit qu'il n'avait plus qu'à retourner chez lui avec son dépit.

Cet homme aurait dû comprendre que le projet qu'il avait nourri n'avait aucune chance d'aboutir autrement, et accepter calmement ce résultat, mais il ne le fit pas car tous les refus essuyés l'avaient terriblement vexé. Il avait acheté autant de victuailles que d'eau-de-vie et sa femme était justement en train de préparer le festin. Mais à quoi bon tout cela quand aucun joyeux compère ne désirait lui tenir compagnie à table pour le réveillon de Noël ?

– Évidemment, ils se considèrent trop beaux messieurs pour venir chez moi, dit-il. C'est parce que je suis fossoyeur et que célébrer le réveillon de Noël chez moi ne fait pas assez distingué.

L'accusation était totalement injustifiée car, quoi que l'on puisse dire des gens de Svartsjö, il n'est jamais venu à l'idée de quiconque de cette commune de refuser une invitation sous prétexte que l'homme serait trop simple. Cet homme n'était d'ailleurs pas un fossoyeur ordinaire. Il s'appelait Anders Öster et était originaire d'une vieille famille de musiciens. Lui-même avait fait partie de l'orchestre du régiment des chasseurs du Värmland et il n'avait accepté ce poste de fossoyeur qu'après avoir pris gracieusement son congé de l'armée.

Il n'était pas seulement fossoyeur, d'ailleurs, mais aussi gardien d'église, fonction qui en soi n'a rien de rebutant. Pourtant, dans l'état d'esprit où il se trouvait maintenant, il ne considérait que les côtés sombres de la vie.

– Puisque personne d'autre ne veut venir chez moi, il ne me reste plus qu'à inviter quelques fantômes du cimetière, marmonna-t-il. Eux, au moins, n'auront pas honte de venir dîner chez le fossoyeur.

Il passait à ce moment devant le vieux mur de pierres grises qui entoure le cimetière de Svartsjö, et c'est cela, bien sûr, qui avait suscité cette idée, mais il n'avait certainement pas l'intention de la mettre en pratique.

Lorsqu'il eut fait quelques pas de plus, il remarqua cependant un objet rond et blanc qui dépassait de l'herbe sèche du bord du sentier. Ça brillait bien plus qu'une pierre ordinaire, et il s'arrêta pour voir ce que cela pouvait être. Et, dans la pâle lueur du crépuscule, il découvrit un crâne, oui, un crâne ! Celui-ci avait probablement été rejeté avec le gravier et la terre d'une tombe que lui-même avait creusée la veille, puis un chien probablement l'avait traîné jusqu'à cet endroit.

Dans des circonstances ordinaires, l'homme aurait sans doute ramassé ce reste humain appartenant peut-être à l'un de ses ancêtres, ou d'un homme qui en tout cas avait vécu et était mort dans la même commune que ce dernier, et il l'aurait remis dans la fosse commune, mais l'homme n'était en ce moment pas d'humeur à entreprendre quelque chose d'aussi simple et naturel. Au lieu de cela, il souleva son chapeau, s'inclina en souriant devant le crâne et s'adressa à lui avec une voix étrangement douce et mélodieuse, qu'il n'utilisait que rarement, et quand il était de son humeur la plus redoutable.

– Bonsoir, bonsoir, dit-il. Quelle heureuse surprise ! Ah oui, permettez-moi tout d'abord de vous souhaiter un joyeux Noël et, deuxièmement, de vous dire que je suis sorti pour lancer des invitations à dîner. J'aimerais savoir si vous-même vous considérez comme trop important pour venir chez moi ce soir ? Il ne s'agit pas d'une grande fête, vous le comprenez bien, mais sachez que vous aurez suffisamment à boire et à manger pour vous sentir à votre aise.

Son invitation lancée, il resta planté là, le chapeau à la main, comme dans l'attente d'une réponse.

– Bon, en tout cas vous ne dites pas non, reprit-il après avoir attendu un laps de temps raisonnable, alors j'espère que vous viendrez. J'habite là-bas, dans la grande maison sur le parvis de l'église, vous n'aurez pas long à parcourir pour venir au festin.

Là-dessus, Anders Öster éclata d'un rire violente et mauvais, remit son chapeau et rentra chez lui sans faire d'autres haltes en chemin.

Il est vrai qu'il était le voisin le plus proche du cimetière. Son logement était installé dans le bâtiment même de la mairie, dans quelques petites pièces des combles. Après avoir traversé la véranda, il ouvrit sa porte d'entrée quand il fut accueilli par un spectacle fort peu propice à améliorer sa mauvaise humeur. Sa femme était en effet à quatre pattes par terre, en train de frotter l'entrée du rez-de-chaussée. Une mince bougie en suif, posée devant elle sur le sol mouillé dans un bougeoir en laiton, éclairait la brosse, le seau et la serpillière.

– Eh bien, en voilà une tenue, d'être encore là en train de récurer quand des invités peuvent arriver d'un instant à l'autre, dit l'homme en entrant.

Elle leva vers lui son visage aux traits purs et fins et d'une beauté surprenante, et lui lança un bref regard. Elle comprit immédiatement de quoi il retournait.

– Ah bon, personne n'a voulu venir, dit-elle. Oui, c'était ce que je me disais. Jamais on n'a entendu dire que des gens acceptaient des invitations en dehors de chez eux pour le réveillon de Noël.

– Non, tous ces gens vivent trop bien pour désirer venir chez nous, dit-il aussi violemment que s'il l'accusait elle. Ah si, il y en a un qui a accepté l'invitation, poursuivit-il d'un ton nonchalant, mais il ne viendra qu'un peu plus tard.

– Alors monte l'attendre chez nous ! dit sa femme. C'est allumé et la table est mise. J'ai bientôt fini ici.

Mais Anders Öster n'avait aucune envie d'obéir à qui que ce soit. Il resta dans l'entrée, gênant le passage de celle qui lavait par terre. Et il le savait, et ça l'emplissait d'une satisfaction amère.

À sa droite s'ouvrait la porte de la salle communale, une grande pièce où les gens de la commune tenaient conseils et réunions. Dans la cheminée brûlait un grand feu dont les flammes éclairaient toute la pièce et Anders Öster la contempla. Elle était agencée à l'ancienne, avec des murs en rondins grossiers, un plancher en lattes énormes et les chevrons visibles au plafond. De solides bancs fixes couraient au long des murs, une grande table en bois brut aux pieds vrillés était poussée dans un coin du fond, en biais par rapport à l'entrée. Devant la table était installée une chaise de président, au grand dossier recouvert de cuir, image parfaite de l'autorité tranquille et du calme inébranlable.

La femme avait nettoyé cette pièce aussi, avant de répandre sur le parquet du sable de plage blanc et des branches de genévrier hachées. À la lueur dansante du feu, Anders Öster trouvait la pièce respectable et plaisante, et il dit à sa femme :

– Quand tu auras fini, tu descendras les plats de Noël et tu dresseras la table ici, dans cette pièce communale. Je crois que j'ai envie de fêter Noël ici.

La femme, effrayée, leva la tête.

– Qu'est-ce que tu veux dire ? demanda-t-elle. Que tu comptes rester ici à boire en compagnie de celui que tu attends ? Il n'y a pas de rideaux aux fenêtres, ici. Si quelqu'un venait à passer, on vous verrait.

Elle était furieuse. Cette pièce communale, tout comme l'église, appartenait à la paroisse, et elle la considérait pratiquement comme un lieu saint. Elle ne pouvait pas imaginer qu'on l'utilisât pour une beuverie.

Mais Anders Öster, lui, n'acceptait pas qu'on contrariât ce jour-là ses désirs.

– Ne discute pas, Bolla ! dit-il. Je te dis que je veux manger le repas de Noël ici, ce soir.

C'était la grande taille de la table, de la chaise et de la pièce qui l'attirait. S'il pouvait réveillonner assis dans une chaise aussi imposante, manger à une table à laquelle vingt ou trente convives auraient facilement pu s'asseoir à ses côtés, contemplant une pièce où se réunissaient tous les puissants de la commune, il se sentirait un homme respecté, tel un paysan fortuné, et c'était de cela qu'il avait besoin.

– Sois sûr que si jamais tu fais une chose pareille, tu y perdras ton emploi, dit la femme. Il n'est pas question que tu fasses une telle folie tant que je serai encore en vie.

Lorsqu'il entendit sa femme s'opposer aussi fermement à son désir, la colère d'Anders Öster ne connut plus de bornes. Tout le découragement qui s'était accumulé en lui se mit à bouillir et voulut éclater. Il ne lui répondit pas, monta seulement l'escalier quatre à quatre, traversa les combles pour entrer dans leur logis, où il décrocha du mur son fusil de chasse.

Puis il se glissa à pas feutrés par où il était venu, jusqu'à l'escalier, et se pencha au-dessus de la rampe de manière à voir sa femme, toujours à quatre pattes en train de nettoyer le plancher de l'entrée.

– Bolla, Bolla, appela-t-il d'une voix si suave et si douce qu'on l'aurait dite dégoulinante de miel. Tu as bien dit que je ne devais pas toucher aux plats du réveillon à la table communale tant que tu serais en vie ?

– Oui, c'est ça ! cria-t-elle durement en retour mais, alors même qu'elle venait de répondre, elle sentit que ce ton mielleux de la voix ne présageait rien de bon et, quand elle jeta un rapide coup d'œil en haut, elle aperçut, quelques aunes au-dessus de sa tête, l'orifice luisant du canon d'un fusil.

Elle se jeta en arrière. À l'instant même, l'entrée fut pleine de fumée et de feu, et une balle frappa le plancher juste devant elle.

– Dieu tout-puissant ! Elle abandonna brosse et seau et se rua à corps perdu dehors dans le noir.

Anders Öster ne tenta rien pour la poursuivre. Il émit un petit rire froid et grinçant, comme précédemment sur la route. Puis il retourna calmement suspendre le fusil à sa place.

Ensuite, avec beaucoup d'habileté et de rapidité, il s'installa comme il le désirait. Il poussa le nécessaire à nettoyage dans un coin de l'entrée pour avoir le libre passage et descendit ensuite dans la pièce communale tout ce que sa femme avait préparé pour le festin. Il étala une nappe sur la table de réunion, disposa deux jolies bougeoirs à branches, plaça entre eux une grosse motte de beurre soigneusement décorée, amena ensuite plusieurs sortes de pains frais, du fromage maigre et du fromage gras, de la saucisse et du jambon, un gigot, un broc de bière de Noël, puis des couteaux et des assiettes. Pour finir, il traîna en bas le tonnelet d'eau-de-vie qu'il posa au centre de la table avec un cercle de verres sous le robinet.

Quand tout fut en ordre, il s'assit dans la chaise présidentielle et mangea et but tranquillement, pénétré d'un profond sentiment de bien-être.

La colère accumulée en lui, et qui l'avait tourmenté au point que tout son corps en était douloureux, avait sans doute trouvé son exutoire dans le coup de fusil. Il ressentait maintenant un tel soulagement qu'il ne pouvait s'imaginer qu'avoir bien agi.

Pourquoi sa femme devait-elle s'opposer à ce qui n'était qu'un désir innocent ? Il lui incombait d'être soumise à son époux. Elle n'avait eu que ce qu'elle méritait. Il n'avait exercé à son encontre qu'un acte de justice, et non seulement de justice mais de sagesse.

Il se remémora un tas d'occasions où elle avait renâclé. Mais désormais c'en était sans doute fini de ce genre de chose. Maintenant elle avait appris qui était le maître de la maison. Bonne trouvaille de lui tirer dessus ! Dorénavant il coulerait des jours plus tranquilles et profiterait mieux de son mariage.

Il se sentait fatigué et avait faim, et il mangea de bon appétit. Un moment plus tard, se sentant rassasié, il repensa néanmoins avec regret à ce qu'il n'avait pas été en mesure de rassembler une compagnie.

Alors brusquement il se souvint du crâne.

– Je crains qu'il ne fasse comme les autres et ne vienne pas, dit-il. Le meilleur moyen est peut-être encore d'aller le chercher.

Il mit son chapeau, franchit les quelques pas jusqu'au cimetière et revint bientôt avec le crâne dans la main.

Beaucoup de terre restait collée dessus et il le trempa dans le seau pour l'essuyer avec la serpillière. Quand il l'eut rendu aussi beau que possible, il le posa sur la table en face de lui.

Pendant ce temps, sa femme, bouleversée et en pleurs se trouvait dans une ferme à quelques pas de l'église. Elle avait trouvé refuge chez de bons amis et voisins qui essayèrent de la consoler et, comme on était soir de réveillon, elle fit de son mieux pour cesser de pleurer et ne pas gâcher leur joie avec ses lamentations. Cela dit, elle avait l'impression d'être au bord d'un gouffre, prête à y basculer. « Il m'a tiré dessus, pensait-elle sans cesse. Il a voulu me tuer. Qu'allons-nous devenir ? »

S'il avait été ivre, alors on aurait pu oublier ça. Mais il était sobre et c'était pour une broutille qu'il avait voulu la tuer.

Elle pensa aux longues années qu'ils avaient vécues ensemble. Durant plus de vingt ans, ils avaient partagé bonne et mauvaise fortune et maintenant il arrivait à lui tirer dessus ! C'était donc qu'il n'y avait pas en lui la moindre trace de tendresse pour elle après toute la misère et tous les soucis qu'ils avaient traversés ensemble.

Dans la ferme où elle s'était réfugiée, deux petits garçons semblaient extrêmement intéressés par l'histoire. À plusieurs reprises, ils sortirent dehors, regardèrent par la fenêtre de la salle communale et lui racontèrent ce qu'ils avaient vu.

– Il est en train de descendre les plats et il prépare la grande table de réunion, racontèrent-ils.

Puis un peu après ils dirent :

– Maintenant, il est assis sur la grande chaise et il mange et boit.

La fois suivante, ils expliquèrent qu'il était en train de parler, exactement comme s'il y avait quelqu'un avec lui dans la pièce. Il levait son verre et trinquait avec quelqu'un que les enfants n'avaient pas réussi à voir.

La femme se souciait peu de ce que faisait son mari. Elle n'arrivait pas à penser à autre chose qu'au fait qu'il lui avait tiré dessus. Pensez, l'homme qui avait promis de l'aimer pour le meilleur et pour le pire lui avait tiré dessus !

Elle estimait impensable de retourner auprès de lui. Pas tant à cause de l'idée qu'elle vivrait dans une crainte perpétuelle d'un homme qui saisissait son fusil à la moindre occasion. Non, ce qui l'empêchait de retourner chez elle, c'était plutôt le sentiment paralysant qu'il devait la haïr puisqu'il était capable de l'agresser de la sorte.

On ne remédiait pas à ça. Jamais cela ne pourrait être guéri, jamais être effacé. Le fondement même sur lequel ils avaient bâti leur bonheur s'était écroulé. Désormais ce bonheur leur avait échappé.

De fréquents frissons la parcouraient tandis qu'elle aidait la fermière à tourner le riz au lait et à dresser la table. « Il m'a quand même tuée, avec son coup de fusil, pensait-elle. Il m'a traversé le cœur de part en part. »

Elle venait de s'installer à la table de Noël avec les autres, lorsque la porte s'ouvrit tout doucement et que le mari entra. Il ne pénétra pas dans la pièce mais resta dans l'ombre, à côté de la porte. Il ne lui fit pas signe de venir près de lui, ne fit pas le moindre mouvement, resta là, simplement.

Tout d'abord elle ne ressentit que de la colère de le voir oser ainsi s'approcher d'elle, et elle se força à ne pas le regarder ou à ignorer sa présence. Mais bien entendu elle fut incapable de s'empêcher de jeter un regard ou deux vers la porte, et elle fut étonnée de le voir aussi immobile. « Il lui est arrivé quelque chose, pensa-t-elle. Son visage est tout blanc. Il est sûrement tombé malade. Peut-être avait-il de la fièvre, tout à l'heure quand il m'a tiré dessus. »

Elle se leva de table et dit à voix basse :

– Je vous remercie pour tout. Puis elle se dirigea vers la porte.

L'homme la lui ouvrit et la précéda dehors et jusqu'à la maison communale. Il marchait en silence et elle eut l'impression de suivre son fantôme plus que lui-même.

Elle savait comment il avait dressé la table dans la pièce communale, mais il n'en restait plus trace, et tout était remis en place. Il monta l'escalier jusqu'à leur logement au grenier. Là aussi tout était comme au moment où elle s'était enfuie en courant.

La seule chose qu'elle ne reconnaissait pas était un crâne, posé sur une table dans un coin de la pièce. L'homme avança à côté de la table et montra le crâne.

– Regarde-le ! dit-il.

Elle le fit, mais n'eut pas l'impression de remarquer quoi que ce soit de spécial.

– Est-ce que tu remarques qu'il a été tué d'un coup de fusil, assassiné ? dit-il. Ce n'est pas un suicidé. Le coup est arrivé de derrière, ici, tout près de l'oreille.

– Oui, effectivement, dit-elle et elle commençait à sentir monter en elle une attente.

– Te souviens-tu d'avoir entendu parler de quelqu'un qui aurait été tué ici, dans cette commune ? Non, un tel acte n'a jamais été commis de notre vivant ni du vivant de nos parents non plus. Rares ont sans doute été les cas de gens assassinés dans cette région. Celui-ci est peut-être le seul de tous ceux qui ont été mis en terre dans le cimetière qui soit tombé sous le coup d'une balle, et il est venu chez moi ce soir justement.

Il hocha la tête à l'adresse de sa femme, pour appuyer ce qu'il venait de dire, puis continua :

– Rends-toi compte ! Parmi tous les milliers de crânes qui ont été enterrés au cimetière, seul celui-ci sans doute a été transpercé par la balle d'un assassin, et c'est justement celui-là qui se trouve maintenant devant moi.

Sa femme continuait à garder le silence.

– Il se trouvait sur mon chemin quand je suis rentré ce soir, celui-là justement avec la marque de la balle. Il voulait se montrer à moi, mais je ne l'ai pas trop regardé à ce moment-là. Puis, alors que je me trouvais seul ici, il n'a cessé d'apparaître dans mes pensées, si bien que finalement il a fallu que je sorte le chercher. Je trouvais dommage de le savoir seul dehors dans le noir et le froid et, d'autre part, j'avais besoin de quelqu'un à qui parler. Et c'est quand je l'ai posé devant moi sur la table et ai empli un verre pour trinquer avec lui que j'ai vu qu'il était perforé par une balle. Qu'en dis-tu, Bolla ? D'où vient-il, et pourquoi s'est-il mis sur mon chemin ce soir justement ? Qu'est-ce qui a fait qu'il a fallu que je le rentre lui, juste après t'avoir tiré dessus ?

– Ce devait être Dieu, chuchota-t-elle en joignant les mains.

– Oui, dit-il en chuchotant lui aussi. Il en était ainsi. C'était la volonté divine. Dieu a voulu que je le voie lui, justement. Pour me montrer ce que j'avais voulu faire. Il m'a été envoyé pour que je comprenne mon très grand péché et mon caractère pitoyable.

Ils s'approchèrent l'un de l'autre. Sans la moindre réserve, ils se tinrent mutuellement les mains et restèrent immobiles devant le crâne. Ce crâne qui manifestement leur était envoyé par Dieu, et leur disait par sa présence que Dieu s'occupait d'eux, qu'il avait pitié d'eux et voulait les sauver.

Ils sentirent brusquement que tout le reste était sans importance. La femme n'exigea pas que l'homme lui dise qu'il regrettait. Elle avait totalement oublié qu'elle ne voulait plus vivre avec lui. L'homme ne pensait plus à qui des deux allait désormais régner dans la maison. Ils auraient pu être mille fois plus remontés l'un contre l'autre, auraient pu avoir mille fois plus de choses à se reprocher, que tout cela aurait été oublié devant la certitude salutaire que Dieu s'était penché sur eux et avait voulu les empêcher de commencer à se haïr.

Dieu leur voulait du bien, et c'est la raison pour laquelle il leur avait envoyé un signe, et devant l'immensité de celui-ci ils oublièrent non seulement leur colère l'un envers l'autre, mais oublièrent aussi leur pauvreté, leurs soucis devant l'avenir. Car ils ressentaient le plus grand bonheur que des êtres humains puissent éprouver.

Extrait du *Livre de Noël.*

Traduit du suédois par Marc de Gouvenain et Lena Grumbach.

Ernest Hello

Les rois mages

Surge, illuminare, Jerusalem, quia venit lumen tuum.
Lève-toi, illumine-toi, ô Jérusalem ; car ton astre s'est levé.

Les siècles avaient passé sur les flammes d'Isaïe sans les éteindre. L'écho de ses cris retentissait encore, au moins dans le cœur de la Vierge. L'attente vague et sourde du genre humain se précisa, se localisa dans trois souverains d'Orient. Les Mages étaient les principaux personnages de l'Orient. Il ne faut pas se laisser tromper par leurs noms et les prendre pour des magiciens. C'étaient des savants, et c'étaient des rois ; car en Orient les savants étaient rois. La haute science de la haute antiquité, telle que l'Orient la concevait, portait le sceptre et la couronne.

Ils furent avertis par une étoile ; car ils étaient astronomes. J'ai déjà constaté cette loi, en vertu de laquelle les élus sont élus selon leur nature et appelés suivant leur caractère propre. Chaque vision, chaque apparition, chaque parole divine intérieure ou extérieure prend, dans une certaine mesure, la ressemblance de celui qui doit la voir ou l'entendre. Elle se proportionne et se détermine suivant le nom que porte, dans le monde invisible, le contemplateur choisi pour elle. C'est pourquoi les rois d'Orient, les rois savants, les dépositaires des antiques traditions relatives à Balaam, les rois astronomes, les rois occupés des choses du ciel, les rois qui avaient entendu l'écho mystérieux de l'antique tradition murmurer à l'oreille : *Orietur stella,* « il se lèvera une étoile », les rois élus et sacrés, qui représentèrent à eux trois la vocation des peuples, furent appelés par une voix digne de leur grandeur : ils furent appelés par une étoile.

Melchior représentait la race de Sem ; Gaspard, la race de Cham ; Balthazar, la race de Japhet.

Voilà Cham réconcilié. Et la Chananéenne verra la face de Celui que l'étoile annonce et triomphera de lui par une prière.

Jamais la peinture ne me paraît avoir représenté cette scène avec la grandeur qui lui appartiendrait. Le déluge était fini ; les eaux s'étaient retirées. Les trois branches de la famille humaine étaient présentes près de Noé, dans la personne de leurs pères. Noé les sépare ; Noé bénit et maudit. La puissance séculaire de sa bénédiction et de sa malédiction divise la race humaine ; elle courbe le front de Cham sous le joug de Sem et de Japhet.

Près de la crèche de Bethléem, près de Jésus-Christ dont Noé était la figure, voici les trois branches réunies. Gaspard, fils de Cham, accompagne Melchior, fils de Sem, et Balthazar, fils de Japhet. Aucune infériorité connue ne pèse sur Gaspard : la place qui lui est donnée est la même qui est donnée aux autres. Les nations sont présentes dans la personne de leurs représentants ; aucune d'elles ne porte envie aux autres. Toutes sont appelées par la même étoile. Le même attrait, également céleste pour elles toutes, également majestueux, les réunit et les incline dans une même adoration.

Les trois branches de la famille humaine ont entendu avec la même clarté retentir à leurs oreilles l'écho du psaume LXXI :

« Les rois de la Tarse et des îles offriront des présents. Les rois d'Arabie et de Saba apporteront leurs dons. Tous les rois de la terre l'adoreront, et toutes les nations le serviront. »

D'où venaient-ils ? On ne le sait pas précisément ; mais tout porte à croire que c'était de l'Arabie Heureuse. Ce pays, dont le nom est étrange, fut habité par les enfants qu'Abraham eut de Cétura, sa seconde femme ; par Jecran, père de Saba ; et par Madian, père d'Épha.

La nature des présents offerts favorise cette pensée : l'or, l'encens et la myrrhe sont nés en Arabie.

Quel drame que leur voyage ! Imaginons-nous des rois qui tout à coup, sur la foi d'une étoile, abandonnent leur palais, leur trône, leur pays ! Quelle foi dans ce départ ! et quelle jeunesse ! quelle ardeur ! quelle recherche de la lumière ! Ils devaient être bien libres de toute attache extérieure, de toute habitude, de toute étiquette et de tout préjugé, ces hommes qui, au premier signal, quittent le repos oriental et la tranquillité de leur demeure souveraine pour les fatigues et les dangers d'un énorme voyage, et abordent, sans hésiter, tout l'inconnu qui est devant eux !

Ils ne reculent pas ; ils ne disent pas : Demain ; ils partent aujourd'hui. Les chameaux portent leurs lourdes charges à travers ces espaces peu remplis et presque inconnus ; car les voyages devaient être aussi rares que difficiles dans ce temps et dans ce lieu. L'étoile seule disait la route. Elle était la seule compagne silencieuse et mystérieuse. Le voyage lui-même dut être silencieux. L'étoile était l'image de la lumière intérieure qui brillait et conduisait. L'Épiphanie était leur lumière. L'Épiphanie ! quel mot ! la manifestation ! Arrivés dans la capitale de la Judée, ils ne demandent pas si réellement le Roi des Juifs était né, mais en quel lieu il était né. Leur confiance était absolue. Le fait est certain. Nous avons vu son étoile, disaient ils, et nous sommes venus l'adorer. Leur question ne porte que sur le lieu de sa naissance.

Ils n'ont ni peur ni respect humain. Ils disent la chose comme ils la savent, sans ménager rien ni personne. Ils ne se demandent pas s'il est prudent de parler à Hérode du Roi des Juifs, s'il est étrange de venir de loin, ayant cru à une étoile. Ils ne se demandent rien ; ils parlent tout haut comme ils pensent ; et cependant c'est à Hérode qu'ils parlent, à Hérode qui a fait mourir sa première femme Mariamme, à Hérode qui s'est débarrassé de trois de ses fils parce qu'ils excitaient ses soupçons.

Mais les trois Mages étaient assez grands pour être simples. Ils partent parce qu'ils croient. Ils parlent parce qu'ils croient. Ils trouvent parce qu'ils croient ; et pendant que leur foi naïve rencontre Celui qu'elle cherche, Hérode, l'habile homme, le malin, le calculateur, le fin politique, égorge tous les enfants qu'il ne tient pas à égorger, et laisse vivre uniquement Celui qu'il veut faire mourir.

Il ruse, il trompe, il fournit aux mages des renseignements ; il leur en demande aussi. Il joue au plus fin avec la grandeur naïve de la haute science orientale. Quand vous l'aurez trouvé, avertissez-moi, dit-il, afin que j'aille l'adorer aussi.

Et il se prend dans ses filets ; et il ne perd que lui-même. Et il sera seul victime de la ruse, qu'il combine et dont il se félicite probablement comme d'une partie très bien jouée. Comme il dut se moquer des trois Mages quand il vit leur confiance ! Et comme les rois mages durent s'indigner, quand ils virent que les Juifs ne daignaient pas chercher au milieu d'eux Celui que l'Orient venait chercher de si loin.

Et comme cette épouvantable vérité : Nul n'est prophète en son pays, dut éclater à leurs yeux ! Quel effet dut produire sur eux le lieu où ils trouvèrent l'Enfant ! Ils venaient de l'Arabie pour l'adorer, et ils étaient rois.

Cependant Celui qu'ils venaient adorer, chassé avant sa naissance, n'avait pas trouvé pour naître de place à l'hôtellerie. Toutes les chambres étaient pleines ; Marie et Joseph n'avaient pas trouvé de place.

La simplicité terrible du récit de l'Évangile n'insiste pas sur cette chose qui dépasse la pensée. Elle constate tranquillement, qu'il n'y avait pas de place à l'hôtellerie.

La magnificence orientale étalant l'or, l'encens et la myrrhe, apportant les rois et leurs chameaux avec leur suite et leurs présents, cette magnificence volontaire et lointaine, enthousiaste et étrangère, fait ressortir avec éclat la conduite des gens d'à côté, des gens du pays qui remplirent l'hôtellerie, sans laisser une place pour Celui qui se réfugie entre un bœuf et un âne, parce qu'il est dans son pays et que l'étoile dénonce à l'Orient.

Que se passa-t-il dans la crèche ? Quelle forme prit l'adoration vivante et jeune de ces hommes savants et forts ?

Quel peintre que celui qui donnerait à chacun des trois rois la physionomie de la branche représentée par lui ; qui écrirait sur leur front le nom de Sem, de Cham et de Japhet ; qui annoncerait leur adoration suivant l'esprit de leur famille ; qui étalerait la splendeur orientale dans la crèche de Bethléem avec pompe et sans effort ! et quel peintre surtout que celui qui mettrait sur la face de Joseph et sur celle de Marie la conscience de ce qui se passe !

Les Mages reçurent l'ordre de ne pas aller trouver Hérode et revinrent dans leur pays par un autre chemin. Le chemin qui sert pour aller à la crèche ne sert plus pour y revenir.

Le religieux Cyrille, dans la Vie de saint Théodose, raconte qu'ils fuyaient les grands chemins et les lieux fréquentés et se retiraient la nuit dans les cavernes, recherchant la solitude. Qui peut mesurer la profondeur de l'impression qu'ils avaient reçue ? Qui peut savoir quelle empreinte sur des âmes, ainsi préparées, avait laissée la face de Celui qu'ils avaient cherché et trouvé ?

Étant revenus chez eux par un autre chemin, ils vécurent certainement chez eux une autre vie. Ils gardèrent fidèlement le dépôt du souvenir. Ils vivaient encore longtemps après la mort et la résurrection de Jésus-Christ.

Ils vivaient encore, quand saint Thomas arriva dans leur pays. Saint Thomas qui avait *vu* Jésus-Christ ressuscité, baptisa ceux qui avaient *vu* Jésus Christ dans la crèche. Peut-être une parenté mystérieuse unit-elle saint Thomas aux rois mages.

Quelques jours avant l'Épiphanie, il y avait eu des adorateurs appelés du dehors ; et c'étaient des bergers, des bergers qui passaient la nuit tour à tour, gardant leurs troupeaux. Les premiers adorateurs appelés du dehors furent des rois et des bergers. Ces deux titres, placés maintenant aux deux extrémités de l'échelle sociale, étaient autrefois des mots presque synonymes. D'après le langage et le sentiment de la haute antiquité, les rois étaient les pasteurs des peuples. Partout ceux qui commandent étaient appelés bergers ; ceux qui obéissent étaient appelés *brebis*. Je disais qu'une parenté mystérieuse et surnaturelle unissait peut-être saint Thomas aux rois mages. Une autre parenté mystérieuse, mais naturelle, unit probablement les rois mages et les bergers. Les rois mages étaient savants ; les bergers qui veillaient la nuit tout à tour près de Bethléem, étaient simples.

Les rois virent une étoile parce qu'ils étaient astronomes. Les bergers virent un ange, apparemment parce qu'ils étaient simples.

Les bergers reçurent une indication qui se rapportait à leur caractère : Vous trouverez l'Enfant enveloppé de langes et couché dans une crèche.

Et une nombreuse troupe d'esprits célestes se joignit à l'ange chantant dans la nuit sainte :

Gloria in Excelsis Deo et in terra pax hominibus bonæ volontatis !

La bonne volonté ! cette chose simple aussi, et qui n'a guère de place dans le langage *vulgairement* appelé poétique, éclate dans le chant des anges, après la gloire, à côté de la gloire ; et les deux mots rapprochés produisent un effet sublime.

Le caractère distinctif des bergers fut probablement la simplicité.

Celui des rois fut peut-être la magnificence et la générosité. Je ne parle pas seulement de la générosité dans les présents, dans l'or, dans l'encens, dans la myrrhe, mais de la générosité dans la foi, dans l'adoration, dans l'entreprise, dans le voyage. Je ne parle pas seulement de la générosité qui donne. Je parle aussi de la générosité qui se donne.

Leurs reliques furent transportées de Perse à Constantinople. Sainte Hélène les fit déposer avec magnificence dans la basilique de Sainte-Sophie. L'évêque Eustache, du temps de l'évêque Emmanuel, les apporta à Milan. Quand Frédéric Barberousse prit et saccagea cette ville, les reliques des rois mages reçurent à Cologne une dernière hospitalité.

On s'est beaucoup demandé ce qu'était l'étoile des Mages. Les uns ont cru que c'était une étoile absolument miraculeuse, surgissant tout à coup en dehors des lois naturelles et n'ayant rien à démêler avec l'astronomie.

D'autres ont dit : une étoile ordinaire ne pourrait jamais indiquer une maison en particulier ; elle pourrait bien indiquer un pays en général, mais elle ne marquerait pas d'une façon précise une certaine étable ; il fallait donc que ce fût un météore situé près de la terre.

D'autres enfin ont eu recours à une troisième explication, longuement développée dans les petits Bollandistes.

D'après une hypothèse astronomique, adoptée par le docteur Sepp, une nouvelle étoile peut tout à coup apparaître, grâce à la conjonction de trois planètes. En 1604, la conjonction des trois planètes, Saturne, Jupiter et Mars fut observée par les astronomes. Une nouvelle étoile apparut tout à coup entre Mars et Saturne, au pied du Serpentaire. Cette étoile brillait d'un éclat extraordinaire et répandait autour d'elle une lumière coloriée.

On a calculé qu'une conjonction analogue, pouvant produire un effet analogue, se produit tous les 800 ans. Car Saturne et Jupiter mettent environ 800 ans à parcourir le zodiaque.

Sept périodes de 800 ans environ se sont écoulées depuis la création du monde, périodes qui pourraient apparaître comme les jours climatériques de l'humanité :

D'Adam à Énoch ;

D'Énoch au déluge ;

Du déluge à Moïse ;

De Moïse à Isaïe ;

D'Isaïe à Jésus-Christ ;

De Jésus-Christ à Charlemagne ;

De Charlemagne au temps moderne, marqué par la découverte de l'imprimerie.

Le septième jour serait le nôtre.

L'étoile des Mages est-elle le résultat d'une combinaison astronomique ou une étoile directement miraculeuse ?

Nul ne le sait. Quoi qu'il en soit, Dieu ayant fait l'ordre naturel comme l'ordre surnaturel, son action est également sensible, également manifeste, également providentielle dans ces deux cas. L'or, qui est la puissance ; l'encens, qui est l'adoration ; la myrrhe, qui est la pénitence, furent offerts à Jésus-Christ par la volonté expresse de Dieu, manifestée par une étoile et témoignée par les rois.

Extrait de la *Physionomie des saints.*

Paul Verlaine

Rois

La myrrhe, l'or et l'encens
Sont des présents moins aimables
Que de plus humbles présents
Offerts aux yeux adorables
Qui souriront plutôt mieux
À de simples vœux pieux.

Le voyage des Rois mages
Certes agrée au Seigneur.
Il accepte ces hommages
Et les tient en haut honneur ;
Mais d'un pécheur qui s'amende
Pour lui la gloire est plus grande.

Dans ce sublime concours
D'adorations premières,
Jésus goûtera toujours
Davantage les prières
Des misérables et leur
Garde un royaume meilleur.

Les anges et les archanges
Qui réveillent les bergers,
Voix d'espoir et de louanges
Aux hommes encouragés,
Priment dans l'azur sans voile
La miraculeuse étoile…

Riches, pauvres, faisons-nous
Néant devant toi, le Maître,
De ton saint nom seuls jaloux :
Tu sauras bien reconnaître
Et magnifier les tiens,
Riches, pauvres, tous chrétiens.

*

Noël

Petit Jésus qu'il nous faut être
Si nous voulons voir Dieu le Père,
Accordez-nous d'alors renaître

En purs bébés, nus, sans repaire
Qu'une étable et sans compagnie
Qu'un âne et qu'un bœuf, humble paire ;

D'avoir l'ignorance infinie
Et l'immense toute-faiblesse
Par quoi l'humble enfance est bénie ;

De n'agir sans qu'un rien ne blesse
Notre chair pourtant innocente
Encor même d'une caresse,

Sans que notre œil chétif ne sente
Douloureusement l'éclat même
De l'aube à peine pâlissante,

Du soir venant, lueur suprême,
Sans éprouver aucune envie
Que d'un long sommeil tiède et blême…

En purs bébés que l'âpre vie
Destine – pour quel but sévère
Ou bienheureux ? – foule asservie

Ou troupe libre, à quel calvaire ?

Extrait des *Liturgies intimes.*

ANTON TCHEKHOV

À Noël

I

– Que faut-il lui dire ? demanda Iégor en trempant sa plume dans l'encrier.

La Vassilissa n'avait pas vu sa fille Iéfimia depuis quatre ans. Après son mariage, celle-ci était partie à Pétersbourg avec son mari, avait écrit deux fois puis cela avait été le silence des grands lacs : elle n'avait plus donné signe de vie. Et que la vieille femme fût en train de traire sa vache à l'aube, d'allumer le poêle ou, la nuit, de somnoler, elle ne pensait qu'à une seule chose : que faisait Iéfimia là-bas, était-elle en vie ? Il aurait fallu lui envoyer une lettre, mais son vieux ne savait pas écrire, et elle n'avait personne à qui le demander.

Puis Noël était venu et la Vassilissa, n'y tenant plus, s'était rendue chez Iégor, l'aubergiste, le frère de sa propriétaire qui, depuis son retour du service, restait sans sortir de son auberge, à ne rien faire ; on disait qu'il était capable de tourner convenablement une lettre, à condition de le payer ce qu'il fallait. La Vassilissa en avait parlé à la cuisinière, puis à sa propriétaire, puis à Iégor lui-même. Ils étaient tombés d'accord sur quinze kopeks.

Et maintenant – cela se passait le deuxième jour des fêtes de Noël – Iégor était assis à la table, dans la cuisine de l'auberge, une plume à la main. La Vassilissa se tenait devant lui, songeuse, l'air soucieux et affligé. Elle était accompagnée de Piotr, son vieux mari, un homme très maigre, grand, chauve, le crâne tout bronzé ; il avait le regard fixe et droit comme un aveugle. Un rôti de porc à la casserole cuisait sur la plaque ; il grésillait, pétillait, et semblait même dire : « fliou-fliou-fliou ». L'atmosphère était étouffante.

– Que faut-il lui écrire ? redemanda Iégor.

– Ben quoi ! dit la Vassilissa en lui lançant un regard irrité et soupçonneux. Me bouscule pas. T'écris pas pour rien, on te paye ! Alors, écris. À notre cher gendre Andréï Chrisanfytch et à notre fille unique chérie Iéfimia nous envoyons avec amour notre profond salut et notre bénédiction paternelle et maternelle, éternelle et irrévocable.

– Ça y est. La suite, feu à volonté !

– Ajoute : Nous leur souhaitons de bonnes fêtes de Noël, nous sommes en vie et en bonne santé, et nous demandons au Seigneur... roi des Cieux que ça soit pareil pour vous.

La Vassilissa réfléchit et échangea un regard avec son vieux.

– Et nous demandons au Seigneur... roi des Cieux que ça soit pareil pour vous, répéta-t-elle en fondant en larmes.

Elle ne put ajouter un mot. La nuit, quand elle y réfléchissait, il lui avait semblé qu'elle n'arriverait pas à tout dire même en dix lettres. Depuis que leur fille et son mari étaient partis, beaucoup d'eau avait coulé dans la mer, les vieux vivaient comme des orphelins et ils poussaient, chaque nuit, des soupirs lourds de peine, comme s'ils avaient enterré leur fille. Et il s'en était passé, des événements, au village pendant ce temps, que de mariages, que de morts ! Que les hivers avaient été longs ! Que les nuits étaient longues !

– Il fait chaud ! dit Iégor en déboutonnant son gilet. Il doit faire soixante-dix degrés ici. Et j'ajoute quoi ? demanda-t-il.

Les vieux se taisaient.

– Qu'est-ce qu'il fait ton gendre ? demanda Iégor.

– C'est un ancien soldat, mon gars, tu le sais bien, répondit le vieux d'une voix faible. Il est revenu du service en même temps que toi ! Il a fait son temps, et maintenant, il est à Pétersbourg dans un établissement d'hydrothérapie. Le docteur guérit les malades avec de l'eau. Alors comme ça, il est suisse chez le docteur.

– C'est écrit là, dit la vieille en sortant une lettre de son fichu. On l'a reçue d'Iéfimia, y a Dieu sait combien de temps. Peut-être qu'ils ne sont plus de ce monde.

Iégor réfléchit un instant et se mit à écrire rapidement.

« Actuellement, écrivait-il, vu votre destin s'ait fixer de par lui-même sur la carière des arme, nous vous conseillons de consulter le Règlement des Punition et le Code Pénal du Ministère de la Guerre et vous apercevrez, dans le dit code, la civilization des Fonctionnaire du Ministère de la Guerre. »

Il écrivait en lisant tout haut ce qu'il avait couché sur le papier, cependant que la Vassilissa réfléchissait à ce qu'il faudrait dire : quelle disette il y avait eu l'année dernière, on n'avait pas eu de blé pour aller jusqu'à Noël, il avait fallu vendre la vache. Il faudrait demander de l'argent, écrire que le vieux était souvent malade et rendrait peut-être bientôt son âme à Dieu... Mais comment exprimer cela ? Qu'est-ce qu'il fallait dire avant et qu'est-ce qu'il fallait dire après ?

« Prêter attention, continuait à écrire Iégor, au taume cinq du Règlement Militaire. Soldat ait un Nom commun, Illustre. On appelle Soldat le Général en Chef et le dernier Troupié... »

Le vieux remua les lèvres et dit à voix basse :

– Si on pouvait voir nos petits-enfants, ça serait bien.

– Quels petits-enfants ? demanda la vieille en lui lançant un regard de colère. Peut-être qu'il n'y en a pas !

– Des petits-enfants ? Et peut-être qu'il y en a. Qui sait ?

« Et d'après ça vous pouvez juger, écrivait Iégor d'une plume hâtive, qui ait l'Enemi Etrangé et qui ait l'Enemi Intérieur. Le premié de nos enemi Intérieurs ait bacchus. »

La plume grinçait, décrivait sur le papier des boucles pareilles à des hameçons. Iégor se hâtait et relisait chaque ligne à plusieurs reprises. Il était assis sur un tabouret, les jambes largement écartés sous la table, repu, la mine florissante, avec sa grosse gueule et sa nuque rouge. C'était la vulgarité même, brutale, arrogante, invincible, fière d'être née et d'avoir grandi dans une auberge et la Vassilissa sentait parfaitement cela, mais elle ne pouvait l'exprimer en paroles et se contentait de regarder Iégor d'un œil irrité et soupçonneux. La voix d'Iégor, les mots incompréhensibles qu'il disait, la chaleur, le manque d'air, lui avaient donné mal à la tête, troublé les idées, et elle ne disait plus rien, ne pensait plus rien, attendant seulement qu'il eût fini de grincer avec sa plume. Le vieux regardait faire avec une confiance entière. Il avait confiance en la vieille qui l'avait amené là, et en Iégor ; et quand il avait parlé, un instant plus tôt, de l'établissement d'hydrothérapie, on voyait à son visage qu'il croyait et à cet établissement et à la vertu curative de l'eau.

La lettre finie, Iégor se leva et la relut toute depuis le début. Le vieux ne comprenait pas mais opinait du chef avec confiance.

– Ça va, ça ne fait pas un pli... dit-il, Dieu te donne la santé. Ça va...

Ils posèrent sur la table trois pièces de cinq kopeks et s'en allèrent ; le vieux avait le regard fixe et droit, comme un aveugle, sur son visage on lisait une entière confiance, la Vassilissa, elle, en sortant de l'auberge, montra le poing au chien et lui dit d'un ton furieux :

– Hou, choléra !

Elle ne dormit pas de la nuit, ses pensées la tenaient en souci, à l'aube elle se leva, dit sa prière et alla porter sa lettre à la gare.

De chez elle à la gare, il y avait douze verstes.

II

L'établissement hydrothérapique du docteur Moselweiser était ouvert le Premier de l'An comme les autres jours, simplement le portier, Andréï Chrisanfytch, avait des galons neufs à son uniforme, des bottes particulièrement brillantes et accueillait tous les arrivants en leur souhaitant une bonne et heureuse année.

C'était le matin. Andréï Chrisanfytch, debout devant la porte, lisait le journal. À dix heures précises il vit arriver un général qu'il connaissait bien, un habitué, suivi du facteur. Le portier débarrassa le général de sa capote et dit :

– Bonne et heureuse année, Votre Excellence !

– Merci, mon ami. Je t'en souhaite autant.

En montant l'escalier, le général désigna une porte du menton et demanda (il le demandait à chaque fois et l'oubliait aussitôt) :

– Qu'est-ce que c'est que cette pièce ?

– La salle de massage, Votre Excellence.

Quand le pas du général se fut évanoui, Andréï Chrisanfytch examina le courrier et trouva une lettre à son nom. Il la décacheta, lut quelques lignes, puis, sans se presser, tout en parcourant des yeux le journal, il se rendit dans sa chambre qui se trouvait au rez-de-chaussée même, au bout du couloir. Sa femme Iéfimia, assise sur son lit, donnait la tétée à son bébé ; un deuxième enfant, l'aîné, se tenait à côté d'elle, sa tête bouclée posée sur les genoux de sa mère, un troisième dormait dans le lit.

En entrant, Andréï tendit la lettre à sa femme et dit :

– Ça doit venir du village.

Puis, sans quitter son journal des yeux, il sortit et s'arrêta dans le couloir, non loin de la porte de sa chambre. Il entendit Iéfimia lire les premières lignes de la lettre d'une voix tremblante. Elle ne put continuer ; il lui suffisait de ces premières lignes, elle fondit en larmes et, serrant son aîné dans ses bras, le couvrant de baisers, elle se mit à parler, et l'on ne savait pas si elle pleurait ou si elle riait.

– C'est de grand-mère, de grand père... disait-elle. Du village... Reine des Cieux, Saints du Paradis ! En ce moment, là-bas, il y a de la neige jusqu'au toit... Les arbres sont tout blancs. Les petits enfants font de la luge... Et grand père, qui est tout chauve, est sur le poêle... Et il y a un toutou jaune... Oh ! mes parents chéris...

En entendant cela, Andréï Chrisanfytch se souvint qu'à trois ou quatre reprises, sa femme lui avait donné des lettres et lui avait demandé de les mettre à la poste, mais des affaires importantes l'en avaient empêché : il ne les avait pas portées, elles traînaient quelque part.

– Et les lièvres courent dans la campagne, disait Iéfimia, toute baignée de larmes, poursuivant sa litanie et embrassant son petit. Grand-père est tranquille, bon, grand-mère aussi, elle est bonne, compatissante. Au village, on vit bien d'accord, on respecte le Seigneur... Il y a une petite église, des paysans qui chantent dans le chœur. Emmène-nous d'ici, Reine des Cieux, Mère Protectrice.

Andréï Chrisanfytch rentra dans sa chambre pour y fumer une cigarette en attendant l'arrivée du prochain client et Iéfimia se tut aussitôt, se calma et essuya ses larmes ; seules ses lèvres tremblaient.

Elle craignait beaucoup son mari. Ah, ce qu'elle le craignait ! Le bruit de ses pas, son regard, la faisaient frémir, la remplissaient d'épouvante, en sa présence elle n'osait pas dire un mot.

Il alluma une cigarette mais, juste à ce moment, on sonna. Il éteignit sa cigarette et, prenant une mine grave, courut à la grande porte.

Le général descendit, le teint rose, rafraîchi par le bain.

– Et dans cette chambre, qu'est-ce qu'il y a ? demanda-t-il en montrant une porte.

Andréï Chrisanfytch rectifia la position, la main sur la couture du pantalon, et répondit d'une voix forte :

– La douche Charcot, Excellence.

Extrait des *Récits de 1900.*
Traduit du russe par Edouard Parayze.

Marie Noël

Le Noël du chameau

Il est plus aisé pour un chameau de passer par le trou de l'aiguille qu'à un riche d'entrer dans le royaume des cieux.

Matthieu, XIX, 23.

– Je pose sept et je retiens un...

La femme de charge essuya ses lunettes, remonta la mèche de la lampe et, pour la troisième fois, recommença son addition.

Certainement elle était bonne. Mais elle était terrible.

Avoir si peu mangé et tant, tant, tant dépensé !

Sur l'autre page du cahier, celle des recettes, une autre malheureuse petite addition trop courte essayait de faire bonne contenance et de se mesurer bravement avec la première...

Non ! on avait beau tirer dessus, il n'y avait plus moyen de joindre les deux bouts.

Mais n'était-ce pas ces jours-ci que les Gaudet payaient leur terme ? Elle regarda le calendrier :

– Noël !...

Oh ! oui ! elle savait bien que Noël arriverait ce soir mais, pour la première fois de sa vie, elle n'avait pas pris la joie d'y penser. Et il était venu, il était là, devant elle : la grande veillée commençait.

Et Charlette se sentit en faute parce qu'il ne lui restait plus qu'à peine quelques heures pour apprêter avant minuit son cœur de grande fête.

On ne peut pas servir deux maîtres : Dieu et l'Argent.

L'argent, elle n'en avait guère – ses gages, son livret de Caisse d'Épargne. – Quand même, de tous ses efforts, elle était à son service. Oh ! ce n'était pas son métier et c'est pourquoi justement il lui donnait tant de mal, beaucoup plus, bien sûr, qu'aux personnes capables. Quand elle était petite fille, elle avait gardé les moutons. Puis elle était allée en classe, puis en condition.

Il y avait bientôt trente ans qu'elle était entrée chez Madame et qu'elle y restait à faire tout ce qu'on voulait et même plus. Un peu plus chaque année. Monsieur était mort, M. Jacques avait disparu à la guerre et Madame était devenue peu à peu si vieille, si lasse, qu'elle n'était plus bonne à rien qu'à manger, se chauffer et flatter le chat.

À mesure qu'elle vieillissait, elle avait laissé de plus en plus à sa servante le soin d'aller en boutiques, à la banque, dans les bureaux, de parler aux fournisseurs, aux ouvriers et aux locataires, si bien que de bonne à tout faire qu'elle était, cuisinant, lavant, ravaudant et soignant des maladies, Charlette était devenue en plus gérante de biens.

Depuis, elle n'avait plus que des soucis dans la tête. Elle s'était mise à garder l'argent de Madame comme elle avait gardé jadis le troupeau de sa nourrice, avec un grand tremblement d'honnête bergère, comptant et recomptant le soir les brebis et les agneaux (aujourd'hui c'était les sous et les pièces) et veillant sur lui à toute heure pour l'empêcher de se perdre, de dépérir ou de souffrir quelque dommage. Las ! l'argent était plus sacré encore et, comme il s'égarait au moindre calcul, c'était un terrible ouvrage que d'en rendre compte à soi-même avec exactitude.

Si encore il n'y avait eu que l'argent, même cet argent de papier qu'elle avait pris l'habitude d'aller quérir de temps à autre chez un banquier de la ville et qui lui faisait assez peur parce qu'il augmente et diminue sans que personne en sache rien, mais Madame avait trois maisons.

Elles avaient été neuves du temps de son arrière-grand-père. Maintenant il leur manquait toujours un morceau et les gens qui les habitaient venaient réclamer, le dimanche.

– Mam'zelle Charlette, il pleut chez nous... Mam'zelle, le vent d'hier a emporté le chapeau de la cheminée... Mam'zelle, la gouttière ne tient plus. Si ça tombe sur nous, on ira se plaindre...

Et Charlette, dès le lundi, courait chez le maçon, chez le plombier, chez le fumiste :

– Allez vite remettre des tuiles au toit... Allez vite recoiffer la cheminée.

Et le jeudi, comme personne n'était venu, elle retournait chez le maçon, chez le fumiste, chez le plombier :

– Il pleut sur ces pauvres Piault, hâtez-vous, monsieur Bouchardat... Dépêchez-vous, monsieur Paoli, chez Gaudet la cheminée fume. Chez Girard, la gouttière est près de tomber. Il menace, monsieur Robinot, il faut y aller demain sans faute.

– Sans faute, oui ! disaient les hommes.

Mais le vendredi ils n'y allaient pas. Et le samedi, personne ne fait rien, et le dimanche, tout le monde se repose.

Ah ! Milon, le voisin, parlait d'un autre ton et il était servi à l'heure : « Vous, aujourd'hui, demain, un autre ! » Mais elle, Charlette, avait été servante si longtemps qu'elle ne savait pas commander et dire aux gens quand il faut des paroles raides. Elle ne savait bien qu'obéir. Depuis qu'elle était au monde, elle avait toujours été soumise à toutes les autorités du ciel et de la terre, aux commandements de Dieu, aux ordres de Madame, aux mandements du carême, aux arrêtés de M. le Maire, aux ordonnances de police, aux lois... Ah ! les lois ! quel respect elles lui inspiraient ! quelle crainte ! De tous les côtés il y en a qui ordonnent, défendent, empêchent, interdisent, et on ne sait pas seulement où elles sont, ni ce qu'elles veulent, ni le danger où elles vous mettent. Elles sont tendues partout comme des rets cachés pour vous faire tomber quand on n'y pense pas dans des embarras à n'en plus sortir.

Charlette n'en menait pas large quand elle remplissait péniblement chaque année les feuilles de M. le Contrôleur de chiffres hésitants – Peut-être justes, peut-être pas – qui se retourneront contre vous si on se trompe. Mais son plus grand trouble lui venait de ces individus sans moralité qui ne se gênent plus à présent pour fouler aux pieds le droit des autres – le droit de Madame – car il fallait bien essayer de les en empêcher...

Alors, elle allait consulter Me Paupître, un cousin de feu Monsieur, qui trouvait du premier coup la plus excellente des lois – il y en a aussi quelques bonnes – pour barrer la route à ceux qui empiètent sur le voisin. Il ne fallait que l'appliquer avec un bon papier timbré, un huissier ou un procès. Hélas ! le malheur était que la pauvre femme de charge en eût voulu découvrir une autre meilleure encore qui rendît à chacun le sien sans chercher noise à personne. « Attaquer ces gens-là, Seigneur ! » Parfois elle n'en dormait pas.

Mais, Madame, elle, dormait bien. Dormant de nuit, somnolant de jour, elle n'avait pas entendu arriver la difficulté des temps ni diminuer sa vieille aisance quand, à la fin, le charbon, le sucre et tout ayant trop et trop augmenté, Charlette était venue lui dire, rouge et embarrassée comme une coupable :

– Madame, il faudrait réduire la dépense.

– Oui ! oui ! avait répondu Madame, réduisez, ma bonne Charlette. Faites pour le mieux, ma fille, j'ai confiance en vous.

– Alors, Madame, nous pourrions... le poulet du dimanche... Le poulet vaut en ce moment quinze francs la livre[1] !

– Mon poulet ! Vous voulez m'ôter mon poulet ! Va-t-on me priver de tout à mon âge ? J'ai déjà supprimé les voyages, la toilette... Arrangez-vous autrement, ma bonne Charlette. Réduisez tant que vous voudrez pourvu qu'il ne me manque rien.

Oui, la vie était difficile...

Si difficile que, ce soir, Noël était arrivé, qu'il serait tantôt minuit et qu'elle, Charlette, n'avait pas encore eu le temps de préparer ses prières.

Elle chercha son vieux livre de cantiques et voulut chanter un air pieux pour ramener à la religion toutes ses pensées. Mais les pensées ne se laissèrent pas faire et pendant qu'elle commençait : « *Venez divin Messie* » elles coururent à toute vitesse de leur côté :

« *Venez divin Messie...* – Comment réglerai-je, le trente, notre vieille note de charbon ?... – *Sauvez nos jours infortunés...* – Il faudrait bien que Gaudet vînt payer son terme... – *Venez, source de vie...* – S'il allait ne pas venir ?... – *Venez...* – Il ne viendra pas... que vais-je faire ?... – *Venez...* – Emprunter à Me Paupître ?... – *Venez !...* – Il est

1. Charlette est une servante d'avant-guerre.

en voyage... Reviendra-t-il à temps ?... J'irai le trouver demain... Non ! pas demain, c'est Noël... Noël ! ah ! qu'est-ce que je fais ! C'est l'Argent que j'appelle. Ô mon Dieu, je ne peux plus prier ! »

Quoi d'étonnant à cela ? Toutes les fois ou presque, cette année, qu'une prière s'était présentée à la porte du cœur, une besogne plus pressée qu'elle avait pris sa place. À la fin, lasses d'attendre dehors, les prières étaient parties, les cierges du cœur étaient tous éteints et il n'y avait plus moyen d'y célébrer une grande fête.

Ah ! elle le voyait bien, ce soir, l'Argent lui avait porté malheur. Elle avait trop longtemps chargé sur son dos l'avoir pesant et menacé d'une vieille dame endormie. Il s'était accroché à elle et elle s'était appliquée à remplir de son mieux tous ses devoirs envers lui. À lui, elle s'était dévouée ; pour lui, elle avait marché, trimé, veillé. À la fin, elle n'en pouvait plus.

Et la fatigue n'eût été rien si lui, l'Argent, ce mauvais être, ne l'avait livrée à ses diables, à ces chiffres griffus, crochus qui ne l'avaient plus jamais lâchée et lui avaient si bien rongé et sucé le cœur qu'il ne restait plus dedans une seule goutte de grâce.

Nul ne peut servir deux maîtres.

Elle avait servi l'Argent.

Et sa seule excuse était que c'était l'Argent d'autrui.

....

C'est alors qu'elle entendit sur la route un accordéon et des flûtiaux.

C'était le cortège de Noël qui s'en allait à la Crèche.

D'abord venaient les bergers qui jouaient de la musique et les enfants qui agitaient des sonnettes. Et, tout le long du chemin, les gens sortaient de leurs maisons pour se joindre à eux avec leurs cadeaux. Les bergers portaient un agneau ; la fermière, des œufs, des fromages ; le vigneron, des bouteilles de vin ; la sage-femme, un chou ; le boulanger, une galette ; l'épicière, des chandelles. Et, de loin, arrivaient les Mages avec leur étoile et leur suite.

« Ah ! songea Charlette, l'an dernier, je portais une belle potée de roses de Noël. Elles étaient sorties juste à temps de la terre noire comme de petites lumières blanches pour éclairer le berceau de l'Enfant Jésus. »

Mais, cette année, elle n'avait pas pris le temps de les arroser et aucune fleur n'avait fleuri.

« Comment me présenterai-je, ce soir, à la Crèche ? Mes mains sont vides. Même les animaux sont meilleurs que moi. Ce gros bœuf de peu d'esprit a quitté à temps la charrue pour aller veiller l'Enfant cette nuitée. »

– Charlette !...

Madame avait besoin d'elle. Elle courut... revint...

Maintenant, le cortège de Noël était passé. On n'apercevait plus, au dernier détour du chemin, que trois grosses ombres : les trois majestueux derrières des trois éléphants qui lentement se déplaçaient et disparurent à l'horizon.

Trop tard pour aller à la Crèche. Trop tard...

Comme elle allait fermer la fenêtre, soudain, juste sous la lune, à l'extrémité du pays, elle vit venir une autre bête.

C'était un chameau de la suite des Mages qui avait perdu le cortège et s'était mis en retard. Avec ses deux bosses pelées, son vieux dos râpé, ses poils pendants, ses genoux calleux, ses longues jambes maigres et l'amoncellement de fardeaux – outres, sacs, coffres, ballots – qui lui rompait le col sans qu'il pût redresser la tête, il avait l'air si pauvre bête, si misérable, si accablé, que la femme de charge en eut compassion et lui demanda :

– Où vas-tu ?

– À Bethléem. Je ne sais pas si j'arriverai. Ils m'ont trop chargé, cette année, et j'ai dû faire un grand détour. Je n'ai pas pu passer par le trou de l'Aiguille.

– Moi non plus, dit la femme de charge.

Le Chameau pencha la tête de côté et la regarda curieusement de ses gros yeux jaunes et obliques de mouton bonasse :

– Je te prendrais bien sur mon dos mais, tu vois, il n'y a plus dessus une seule petite place. Viens, nous irons de compagnie. Je ne sais pas si nous arriverons, mais il faut toujours essayer. Que portes-tu de beau là-bas ?

– Rien.

– C'est comme moi. Je n'ai que ma charge. Emporte la tienne aussi. D'abord, on ne peut pas faire autrement, et puis elles serviront peut-être. Les charges, depuis que j'en porte, ont toujours servi à quelque chose.

Alors la femme de charge fit un grand effort et chargea sur ses épaules tous ses embarras, ses comptes et ses calculs de l'année, ses additions, ses soustractions, et les recettes, et les dépenses, et Madame, et les trois maisons, et les ouvriers, et les locataires et toutes les lois bonnes ou mauvaises du pays...

– Vois-tu, dit le Chameau, nous n'arriverons peut-être pas jusqu'à la maison de Dieu, mais un pas est toujours un pas. Il faut au moins faire preuve de bonne volonté.

....

Quand ils arrivèrent à l'Étable, la grande fête de la nuit était finie. (Les fêtes finissent toujours par finir.) Après avoir bien adoré, bien joué de la musique, bien chanté, les bergers s'en étaient allés rejoindre leurs troupeaux, les gens du village étaient rentrés chez eux, les Mages se reposaient sous leur tente et l'Étoile était couchée.

Le Chameau allongea le cou vers une petite lucarne et regarda dans la chaumine. Là-dedans aussi tout le monde dormait, le petit Enfant dans la crèche, l'homme, la femme, le bœuf et l'âne. Le Chameau regarda longtemps et retira maladroitement sa grosse tête de la lucarne.

– Qui est là ? cria saint Joseph.

– Le Chameau, dit la bête de somme.

– Le Chameau, dit la femme de charge.

Et voici que de l'ombre une voix monta, si haute, si pure, qu'elle vous enlevait le cœur au ciel :

– Entrer, vous qui êtes chargés...

Mais ils ne purent pas entrer car la porte était trop basse. Alors, sur le seuil du logis, le Chameau plia ses longues jambes, pencha de côté son grand corps, s'agenouilla d'un mouvement brusque et demeura devant l'Enfant ne sachant pas d'autre prière.

Et la femme de charge, à genoux aussi, n'en disait pas davantage.

– Bonnes gens, reprit la voix céleste, qu'apportez-vous à mon Enfant ?

– Rien, dit le Chameau, des bagages. Tout ce dont les hommes ont besoin en route, des vivres, des couvertures, des marchandises, des trésors, les utiles, les inutiles... Et nous ne pouvons même pas vous les donner. Ils ne sont pas à nous. Nous ne faisons que les porter. Le dos nous fait mal. C'est lourd.

– Très lourd, dit la femme de charge.

– Ah ! murmura la Sainte Vierge, mon petit Enfant que voici est venu pour porter un jour un faix bien plus lourd encore.

Mais la femme de charge pleura.

– Ô Sainte Mère, son faix à lui sera la volonté de Dieu. Tandis que moi qu'ai-je porté ? Du bien-être de vieille dame, des besoins de maisons, des aises de locataires, des exigences de lois, des peines et des devoirs d'argent. C'est lui, l'autre maître, et pas Dieu, qui m'a tellement accablée, et ma charge n'est que vaine prudence et avarice d'homme.

La voix de la Sainte Vierge trembla un peu :

– Mon petit Enfant que voici est venu pour être écrasé sous le poids des péchés du monde.

Une larme qu'elle avait dans les yeux tomba sur le dos du Chameau. Aussitôt il sentit sa charge qui se détachait, s'élevait de lui et montait, légère, flottait comme un nuage gonflé de ciel derrière lequel est caché le Paradis des Anges. Et la femme de charge entendit une gaie petite chanson qui accourait de son enfance et se mit à chanter dans son cœur pauvre :

Le petit Jésus s'en va-t-à l'école,
En portant sa croix...

Porter chantait comme une chanson, porter était beau comme une prière, porter était devenu tout doucement une besogne de Dieu.

– Charlette !...

– Ho ! hu ! ho !

– Charlette !...

– On m'appelle, dit la femme de charge.

– On a besoin de moi, dit le Chameau.

Et, sur le chemin du retour, il se prit à gambader avec ses longues jambes et fit entendre un drôle de petit rire chevrotant de chameau dont toutes les bêtes de la route furent étonnées. La femme de charge riait aussi et, d'un bond, sauta le fossé comme une petite fille toute fraîche.

Ils venaient de passer par le trou de l'Aiguille.

Extrait des *Contes*.

JOACHIM DU BELLAY

Du jour de Noël

La terre au ciel, l'homme à la déité,
Sont assemblés d'un nouveau mariage.
Dieu prenant corps, sans faire au corps outrage
Naît aujourd'hui de la virginité.

La Vierge rend à la divinité
Son saint dépôt, dont le monde est l'ouvrage,
Mais aujourd'hui il a fait davantage,
S'étant vêtu de notre humanité !

Il a plus fait : car si du corps humain
Tenant la vie et la mort en sa main,
Il s'est rendu mortel par sa naissance,

Ne s'est-il pas lui-même surmonté ?
Cet œuvre-là démontre sa puissance,
Et celui-ci démontre sa bonté.

Extrait des *Sonnets divers.*

E.T.A. Hoffmann

Casse-Noisette et le roi des souris

I

La veille de Noël

Le 24 décembre, il était expressément défendu aux enfants du conseiller en médecine, M. Stahlbaum, d'entrer dans la grande chambre, et encore moins dans le salon à côté. La nuit était tombée : Frédéric et Marie, tapis dans un coin de la petite chambre de derrière, commençaient à avoir bien peur, car la veille de Noël on a coutume de ne pas apporter de lumière. Frédéric, parlant tout bas, découvrit très mystérieusement à sa sœur cadette, qui venait d'atteindre sa septième année, qu'il avait entendu dès le grand matin un bruit très étrange dans les chambres fermées à clef, et qu'il avait vu un petit homme noir passer furtivement par le vestibule, et que ce n'était personne d'autre que le parrain Drosselmeier.

À ces mots, Marie, transportée de joie, frappa dans ses petites mains et s'écria :

– Ah ! mon Dieu ! je voudrais bien savoir ce que le parrain Drosselmeier aura fait de beau pour nous !

M. Drosselmeier, le conseiller de justice, n'était pas du tout un bel homme ! Il était petit et maigre, il avait beaucoup de rides sur la figure ; à la place de l'œil droit il avait un grand emplâtre noir et, de plus, il n'avait point de cheveux ; c'est pour cela qu'il portait une perruque blanche qui était en verre, un bel ouvrage. En général, le parrain était un homme très ingénieux qui se connaissait par exemple très bien en montres et qui savait en fabriquer lui-même, de sorte que lorsqu'une des belles montres de M. Stahlbaum se dérangeait et ne pouvait plus sonner, le parrain Drosselmeier venait, ôtait sa perruque de verre et son petit habit et, après avoir mis un tablier bleu, il furetait dans la montre avec des instruments pointus, ce qui faisait beaucoup souffrir la petite Marie ; mais la montre s'en trouvait toujours bien, l'opération la faisait comme ressusciter, et elle se remettait de plus belle à marcher, à sonner et à jouer, ce qui faisait grand plaisir à tout le monde. À chaque visite qu'il faisait dans la maison de M. Stahlbaum, il avait dans sa poche quelque jolie petite chose pour les enfants : c'était tantôt un petit homme qui roulait les yeux et faisait les plus beaux compliments du monde, tantôt une tabatière d'où sortait un petit oiseau, tantôt autre chose. Mais pour Noël, M. Drosselmeier avait toujours fabriqué quelque ouvrage particulier, quelque chose de beau et d'ingénieux qui lui avait coûté beaucoup de peine et de travail : aussi le père et la mère serraient ces cadeaux soigneusement dès le lendemain.

– Ah ! je voudrais bien savoir ce que le parrain Drosselmeier aura fait de beau pour nous ! s'écria Marie.

Frédéric pensa que cette fois ce ne pourrait guère être autre chose qu'une belle et grande forteresse dans laquelle on verrait des soldats monter et descendre la garde et faire l'exercice ; ensuite l'ennemi monterait à l'assaut, mais la garnison tirerait le canon vaillamment et ferait un tapage infernal.

– Non ! non ! interrompit Marie. Parrain Drosselmeier m'a parlé d'un beau jardin où il y a un grand bassin dans lequel nagent des cygnes magnifiques qui ont des colliers d'or et qui chantent les airs les plus agréables ; ensuite on voit arriver une petite fille qui attire les cygnes et qui leur donne des bonbons.

– Les cygnes ne mangent point de bonbons, dit Frédéric un peu brusquement, et puis parrain Drosselmeier ne peut faire un jardin tout entier. Au fait, nous ne profitons guère de ses joujoux, n'est-il pas vrai ? On nous les ôte tout de suite. Moi, j'aime mieux les cadeaux de papa et maman ; nous pouvons les garder et en faire ce que nous voulons.

Et les enfants se cassèrent la tête à deviner ce qu'il y aurait bien cette fois pour eux. Marie prétendit que Mlle Gertrude (sa grande poupée) changeait beaucoup, qu'elle était plus maladroite que jamais, et qu'à tout moment elle se laissait tomber par terre. Ce qui ne se passait pas sans de vilaines meurtrissures à la figure. D'un autre côté il était impossible de la tenir propre ; on avait beau la gronder, c'était peine inutile. Frédéric assura qu'il lui manquait un bel alezan dans ses écuries et que son armée était entièrement dépourvue de cavalerie.

– Papa sait cela très bien, dit-il.

En causant ainsi, les enfants savaient bien que leurs parents avaient acheté toutes sortes de jolis cadeaux pour eux, qu'ils rangeaient en ce moment ; mais ils savaient aussi que l'Enfant Jésus, au regard affable et serein, y était pour quelque chose ; ils savaient que les présents de Noël, comme s'ils étaient touchés de sa main, procurent un plaisir plus grand que tous les autres ; c'est de quoi Louise, la sœur aînée, fit souvenir les enfants. La petite Marie devint toute pensive, mais Frédéric dit entre les dents :

– Je voudrais avoir un alezan et des hussards ; je ne connais que cela.

La nuit était venue ; Frédéric et Marie, dans leur coin, n'osaient plus dire mot. Tout à coup, les portes s'ouvrirent à double battant et un bel éclat de lumière frappa les yeux des enfants, qui s'arrêtèrent sur la porte du salon comme glacés d'étonnement. Mais le père et la mère les prirent par la main en leur disant :

– Venez donc, chers enfants ; venez donc et regardez ce que l'Enfant Jésus vous a apporté.

II

Les cadeaux

Je m'adresse à vous-même, très bénévole lecteur ou auditeur ! Frédéric, Théodore, Ernestine, ou comme vous vous nommez, et je vous prie de vous rappeler les derniers cadeaux de Noël que vous avez reçus ; si vous en avez encore un souvenir fidèle, vous concevrez aisément la joie de ces enfants. Ils restèrent longtemps ébahis ; ce n'est qu'après une longue pause que Marie s'écria :

– Oh ! que c'est beau ! Oh ! que c'est beau !

Frédéric fit force gambades qui lui réussissaient merveilleusement. Il fallait que les enfants eussent été bien sages pendant toute cette année, car jamais on ne leur avait donné tant de belles choses à la fois. Un grand pin fleuri portait une quantité de pommes dorées et argentées, des bonbons, des amandes de toutes les couleurs, et sur les branches étincelaient de petites bougies par centaines, qui brillaient comme des étoiles. Autour de l'arbre, tout était neuf et resplendissant. Quelles belles choses il y avait là, et comment les dépeindre ! Marie vit les plus jolies poupées qu'on puisse imaginer, de superbes petits ménages et quelque chose de bien plus précieux encore, une robe de soie attachée avec des rubans de différentes couleurs, de telle manière qu'on pouvait la regarder de tous les côtés, ce que fit la petite Marie en s'écriant dix fois :

– Oh ! la belle, oh ! la charmante petite robe !

Frédéric avait trouvé en effet un beau cheval alezan ; il l'avait déjà essayé en galopant trois ou quatre fois autour de la table. En descendant de cheval, il dit :

– C'est une bête mal morigénée, mais cela ne me fait rien du tout, j'en viendrai bien à bout.

Ensuite, il passa en revue le nouvel escadron de hussards ; ils étaient magnifiquement habillés en uniforme écarlate et or, leurs armes étaient en argent, et leurs chevaux d'une telle blancheur qu'on eût dit qu'ils étaient en argent aussi.

Les enfants, devenus enfin un peu plus calmes, voulurent feuilleter les beaux livres pleins d'estampes qui étaient devant eux tout ouverts, afin qu'on pût voir du premier coup d'œil les belles fleurs, les hommes, les oiseaux qui y étaient. Les enfants, dis-je, se mettaient justement à regarder ces merveilleux livres, lorsqu'on sonna une seconde fois ; ils savaient bien que c'était le tour du parrain et coururent à l'autre table. On ôta alors le paravent qui l'avait cachée si longtemps. Qu'aperçurent-ils alors ? Sur un gazon parsemé de fleurs, un superbe château avec des vitraux et des tourelles d'or ! Un carillon se fit entendre, les portes et les croisées s'ouvrirent, et l'on vit des messieurs et des dames tout petits, mais extrêmement lestes et galants, se promener dans les salons. Ils avaient tous des robes traînantes et des panaches sur la tête. Le salon du milieu paraissait être tout en feu tant il y brillait de candélabres d'argent ; des enfants en fracs et en robes courtes dansaient au son du carillon. Un monsieur, en manteau vert émeraude, regarda souvent par la fenêtre, fit des signes et disparut. On vit aussi le parrain Drosselmeier lui-même, mais il n'était guère plus grand que le pouce ; il se mit quelquefois sous la grande porte du château et puis rentra. Frédéric, les coudes appuyés sur la table, avait contemplé attentivement le château et les petites figures dansantes. Enfin, il s'écria :

– Parrain Drosselmeier, laisse-moi entrer dans ton château !

Le conseiller lui fit observer que cela ne se pouvait pas. Il avait raison, car il était bien sot à Frédéric de vouloir entrer dans un château qui, avec toutes ses tourelles d'or, n'était pas aussi haut que lui-même.

Frédéric le comprit aussi. Un moment après, comme la promenade et la danse se faisaient toujours exactement de la même manière, que l'homme au manteau vert émeraude regardait toujours par la même fenêtre, et que le parrain Drosselmeier se mettait toujours sous la porte de la même façon, Frédéric s'écria, impatienté :

– Parrain Drosselmeier, sors donc une fois par l'autre porte !

– Cela ne se peut pas, mon cher Frédéric, répliqua le conseiller de justice.

– Alors, ajouta Frédéric, dis à l'homme vert qui regarde si souvent par la fenêtre de se promener avec les autres.

– Cela ne se peut pas non plus, dit de nouveau le conseiller de justice.

– Alors il faut que les enfants descendent ! s'écria Frédéric. Je veux les voir de plus près.

– Eh ! tout cela ne se peut pas, dit le conseiller de justice, impatienté. Quand la mécanique est une fois arrangée, il faut qu'elle reste.

– Ah ! c'est ainsi, dit Frédéric. Écoute, parrain Drosselmeier, si les petits bonshommes dans le château ne savent faire que les mêmes mouvements, ils ne valent pas grand-chose, et je ne m'en soucie guère. Mes hussards, c'est bien autre chose ! Ils manœuvrent comme je le veux, en avant, en arrière ; ils ne sont pas enfermés dans une maison.

En disant cela, il courut à l'autre table faire galoper son escadron dans tous les sens, les faisant tourner, frapper, tirer et exécuter mille manœuvres. Marie aussi s'était en allée tout doucement, car elle s'ennuyait aussi de la promenade et de la danse éternelles ; mais comme elle était très bonne et très douce, elle ne voulait pas laisser voir son ennui au parrain.

Le conseiller dit alors à M. et Mme Stahlbaum d'un ton de mécontentement :

– Un ouvrage aussi ingénieux n'est pas fait pour ces petits sots ; je n'ai qu'à remporter mon château.

Mais Mme Stahlbaum le pria de lui en faire voir la structure intérieure et le rouage qui mettait les poupées en mouvement.

Le conseiller décomposa et recomposa toutes les pièces, et son humeur disparut peu à peu ; il donna encore aux enfants de petites poupées avec des bras et des jambes dorés. Ces figures étaient faites avec du chocolat, ce qui plaisait fort aux enfants. Mlle Louise avait mis la belle robe qu'elle avait reçue, comme Mme Stahlbaum l'avait désiré ; elle lui allait à ravir. Marie devait mettre aussi la sienne, mais elle dit qu'elle aimait mieux la regarder encore un peu, ce qu'on lui accorda aisément.

III

Le protégé

Marie ne voulut pas encore quitter la table de Noël ; elle venait d'y découvrir quelque chose de nouveau : c'est que les hussards de Frédéric, en faisant leurs évolutions, avaient laissé voir un petit homme qu'on n'avait pas encore remarqué jusqu'à présent.

Il se tenait tout modestement comme s'il attendait patiemment son tour.

À sa taille, il y avait bien quelque chose à dire ; non seulement la partie supérieure de son corps était longue et menue, mais sa tête était d'une grosseur extrême : ce mauvais effet était un peu diminué par de beaux habits qui indiquaient un homme distingué. Il portait une veste de hussard violette avec beaucoup de tresses et de boutons, un pantalon de la même étoffe, et les plus belles bottes qu'ait jamais mises un étudiant, même un officier : elles collaient comme si elles étaient peintes.

Il était surtout curieux de voir le petit manteau si raide qu'il semblait de bois, et le petit bonnet qui complétaient ce costume. Marie trouvait le petit homme fort laid, mais elle songea que son parrain Drosselmeier portait aussi un mauvais manteau et une mauvaise casquette, et qu'il était un fort bon parrain. Marie, en contemplant le petit homme, qui lui plaisait de plus en plus, remarqua l'expression de bonté qui était répandue sur sa figure. L'amitié et la bienveillance brillaient dans ses grands yeux gris bien ouverts, et la barbe de laine blanche qui ornait son menton lui allait d'autant mieux qu'elle faisait ressortir ses lèvres rouges contractées par un doux sourire.

– Ah ! s'écria enfin Marie, ah ! cher père, à qui appartient donc ce joli petit homme ?

– Il doit travailler pour vous tous, ma chère enfant, lui répondit son père ; c'est lui qui sera chargé de vous casser les noix qui seront trop dures pour vos dents, et il t'appartient aussi bien à toi qu'à Louise et à Fritz.

À ces mots, le père le prit avec précaution sur la table et, poussant le manteau de bois, le petit homme ouvrit grandement sa bouche dans laquelle on aperçut deux rangées de dents blanches et pointues. Sur l'invitation de son père, Marie y plaça une noix, et – crac ! – le petit homme la mordit si fort que les coquilles volèrent et que le noyau tomba dans la main de Marie. Marie apprit alors que le petit homme était de la race des Casse-Noisette, et qu'il exerçait la profession de ses ancêtres. Elle le prit aussitôt sous son bras et lui fit casser ses noisettes ; mais elle choisissait les plus petites, afin que le petit homme n'ouvrît pas trop grandement la bouche, ce qui le défigurait un peu. Louise le prit à son tour, et le Casse-Noisette dut aussi lui prêter ses dents, ce qu'il fit avec beaucoup d'obligeance et en souriant toujours agréablement. Fritz vint à son tour : la vue du petit homme le fit beaucoup rire ; il le prit aussi et lui mit dans la bouche les plus grosses noix qu'il pût trouver ; mais tout à coup on entendit crac ! crac ! et trois dents tombèrent de la bouche du Casse-Noisette et toute sa mâchoire inférieure parut vide et branlante.

– Ah ! mon pauvre Casse-Noisette ! s'écria Marie en le prenant des mains de Fritz.

– C'est un sot personnage, dit Fritz ; il veut faire le métier de casse-noisettes et il n'a pas de bonnes dents ; il n'entend rien à son métier. Donne-le-moi, Marie ; il faut qu'il casse mes noix ou qu'il perde le reste de sa mâchoire.

– Non, non, s'écria Marie en pleurant, tu n'auras pas mon cher Casse-Noisette ! Vois comme il a l'air triste et comme il montre piteusement sa petite bouche meurtrie ! Tu es un homme d'un cœur très dur : tu bats tes chevaux et tu fais fusiller tes soldats.

– Il faut que cela soit ainsi ; tu n'entends rien aux affaires militaires, dit Fritz. Marie, donne-moi le Casse-Noisette ; il est à moi aussi bien qu'à toi.

Marie se mit à pleurer avec abondance, et enveloppa le Casse-Noisette dans son petit mouchoir de poche. Les parents accoururent avec le parrain Drosselmeier, qui prit le parti de Fritz, au grand déplaisir de Marie.

Le père dit :

– J'ai placé le Casse-Noisette sous la garde de Marie, et, comme je vois qu'il en a besoin, je lui donne pleine puissance sur le petit homme. Au reste, je m'étonne que Fritz exige le service d'un individu invalide. En bon militaire, il devrait savoir qu'un soldat blessé ne doit pas figurer dans les rangs.

Fritz se sentit très honteux et s'esquiva tout au bout de la table, où ses hussards avaient pris quartier après avoir placé des avant-gardes. Marie chercha à replacer les dents du Casse-Noisette ; elle entoura sa mâchoire d'un joli petit ruban blanc qu'elle ôta de son fourreau, et le berça doucement sur ses bras. Le parrain se moqua beaucoup d'elle et de la laideur de son favori ; mais elle lui répondit :

– Qui sait, cher parrain, si tu aurais aussi bonne mine que lui en mettant des bottes et un habit comme le sien !

Marie ne comprit pas du tout pourquoi ses parents riaient si fort de ses paroles, et pourquoi le conseiller parut tout interdit. Ils avaient leurs raisons sans doute.

IV

Merveilles

Dans la chambre du conseiller en médecine, dès qu'on entrait on voyait à gauche, près de la muraille, une haute armoire à vitres dans laquelle les enfants conservaient les belles choses qu'on leur donnait tous les ans. Louise était encore toute petite quand son père fit construire l'armoire par un adroit ouvrier, qui y mit des vitres claires comme le ciel et qui arrangea si bien les choses que tout ce qu'on plaçait dans ce meuble semblait encore plus beau et plus brillant. À la case supérieure, à laquelle Marie et Fritz ne pouvaient atteindre, se trouvaient les chefs-d'œuvre du parrain Drosselmeier ; au-dessous était la case des livres d'images ; les deux cases inférieures étaient livrées à Marie et à Fritz, qui pouvaient les remplir à leur gré. Cependant il arrivait toujours que Marie prenait la plus basse pour loger ses poupées, et que Fritz se servait de l'autre pour cantonner ses troupes.

Les choses s'étaient passées de la sorte ce jour-là. Fritz avait fait rentrer ses hussards et Marie avait placé de côté Mlle Gertrude, sa poupée, pour mettre la nouvelle sur un joli petit canapé à fleurs, devant une gentille table à thé, auprès d'un petit lit où dormaient tranquillement d'autres poupées, ses compagnes. Mlle Clara, sa nouvelle poupée, se trouvait donc très bien dans l'armoire.

Il était tard, minuit n'était même pas loin, et le parrain Drosselmeier était parti depuis longtemps ; mais les enfants ne voulaient pas s'éloigner de l'armoire à vitres, quelques instances que fît leur mère pour les décider à se mettre au lit.

– C'est vrai, dit Fritz, les pauvres diables (il parlait de ses hussards), les pauvres diables sont bien fatigués, et tant que j'y serai, pas un n'osera bouger, je le sais.

À ces mots il s'en alla.

Marie fit beaucoup d'instances ; elle supplia sa mère de lui accorder encore un petit moment ; et comme c'était une bonne fille bien soigneuse, ce moment lui fut accordé. Mais afin que Marie ne restât pas trop longtemps près de sa poupée et qu'elle n'oubliât pas les bougies qui brûlaient autour de l'armoire, la mère les éteignit toutes et ne laissa brûler que la lampe suspendue au plafond, qui répandait une douce lumière.

– Reviens bientôt, chère Marie ; sans cela tu ne pourrais pas te lever demain matin, dit sa mère en entrant dans la chambre à coucher.

Dès que Marie se vit seule, elle se hâta se faire ce qu'elle avait à cœur et que sans savoir pourquoi elle n'avait pas voulu dire à sa mère. Le Casse-Noisette était toujours resté enveloppé dans son mouchoir ; elle le posa avec précaution sur la table, le développa et examina ses blessures. Casse-Noisette était très pâle, et il s'écriait si douloureusement que Marie en fut tout émue.

– Ah ! Casse-Noisette, mon ami, dit-elle à voix basse, ne sois pas fâché contre mon frère Fritz qui t'a fait du mal ! C'est sa vie de soldat qui l'a rendu un peu dur, mais c'est un très bon petit garçon, je puis te l'assurer. Moi je veux avoir bien soin de toi jusqu'à ce que tu sois guéri et content. Pour te raccommoder les dents et te remettre l'épaule, c'est l'affaire du parrain Drosselmeier ; il s'entend mieux que moi à ces choses.

Mais Marie n'en put dire davantage ; car, dès qu'elle eût prononcé le nom de son parrain, le Casse-Noisette fit une grimace et ses yeux étincelèrent. Marie ferma les yeux involontairement, mais quand elle les rouvrit Casse-Noisette avait repris son sourire ordinaire… Sans doute la clarté de la lampe, agitée par un souffle de vent, avait donné à Casse-Noisette cette expression qui avait effrayé la petite fille.

– Ne suis-je pas une sotte fille de m'offenser ainsi ? dit-elle.

Aussitôt Marie prit son ami Casse-Noisette sur son bras, s'approcha de l'armoire et dit à sa nouvelle poupée :

– Je t'en prie, mademoiselle Clara, cède ton lit au pauvre Casse-Noisette blessé, et arrange-toi comme tu pourras sur ce sofa ; songe que tu es en bonne santé et que tu as toutes tes forces, sans cela tu n'aurais pas des joues si vermeilles ; d'ailleurs, il y a peu de poupées qui aient un aussi doux sofa.

Mlle Clara, dans sa belle parure de Noël, semblait fort dédaigneuse et fort mélancolique ; elle ne répondit pas un mot.

– Je suis bien bonne de faire tant de cérémonies, dit Marie.

Et tirant le lit à elle, elle y plaça bien soigneusement le Casse-Noisette, l'entoura d'un ruban et le couvrit jusqu'au nez. « Je ne veux pas qu'il reste près de la malhonnête Clara », dit-elle, et soulevant le lit, elle le plaça dans la case supérieure, tout près du village où étaient cantonnés les hussards de Fritz. Elle ferma l'armoire et voulut regagner sa chambre, lorsque tout bas elle entendit craquer, grignoter, remuer et glisser derrière la porte, derrière les chaises et derrière l'armoire. L'horloge, suspendue au mur, se balançait de plus en plus fort, mais elle ne sonnait pas. Marie regarda de ce côté. Le hibou doré, qui la surmontait, avait ouvert ses ailes de manière à la couvrir tout entière, et il avançait sa laide tête de chat avec un bec recourbé, et on entendait murmurer des paroles bizarres. « Heure, heure, heure, passe, passe, passe, balance, balance doucement. Le roi des rats a reparu. Bam, bam, bam, bam ! chantez la vieille chanson, bam, bam ! Frappez, frappez, clochette, frappez, c'est le moment. »

Et on entendit en effet bam, bam, bam retentir douze fois sur l'horloge.

Marie commença à frémir, et elle se serait enfuie si elle n'avait aperçu le parrain Drosselmeier qui était assis sur la pendule au lieu du hibou, et qui laissait pendre de chaque côté les pans de son habit jaune, comme les ailes de l'oiseau de nuit.

– Parrain Drosselmeier, parrain Drosselmeier, que fais-tu là ? Descends et ne m'effraie pas, méchant parrain !

Mais tout à coup un sifflement et un grincement singuliers se firent entendre, on trottait, on courait derrière les murs. Il semblait que ce fût le bruit d'un millier de petits pieds, et des milliers de petites lumières brillaient à travers les fentes du plancher. Mais ce n'étaient pas des lumières, hélas ! c'étaient des yeux étincelants, et Marie s'aperçut que partout des souris passaient leur petite tête et s'efforçaient d'arriver. Bientôt ce fut un trot et un galop général dans la chambre ; la foule des souris devint de plus en plus lumineuse et plus épaisse ; elles se rangèrent enfin en ordre et prirent leur rang comme faisaient les soldats de Fritz quand ils se préparaient pour la bataille. Marie, qui n'avait pas un dégoût pour les souris comme les autres enfants, prenait plaisir à voir celles-là, lorsque tout à coup elle entendit un sifflement si aigu qu'elle en éprouva une sueur glaciale. Alors, que vit-elle ? Juste devant ses pieds, comme poussés par une force souterraine, le bois, le sable et la pierre firent irruption, et sept têtes de rats, surmontées de sept couronnes étincelantes, se relevèrent en sifflant. Bientôt le corps entier apparut, les sept têtes sortirent d'un seul corps, et toute l'armée salua par une acclamation le rat couronné de sept diadèmes, qui s'avança en plein galop vers Marie serrée contre l'armoire. Le cœur de Marie lui battait si fort qu'elle crut que son heure de mourir était venue ; mais tout à coup son sang s'arrêta dans ses veines. Elle recula à demi évanouie, et clic, clic, les vitres de l'armoire, frappées par son coude, tombèrent en éclats ; elle sentit bien une vive douleur au bras gauche, mais son cœur se trouva soulagé, car tout était devenu tranquille, et elle crut un moment que les souris et les rats étaient retournés dans leurs trous. Hélas ! que devint Marie lorsque derrière elle de singulières rumeurs se firent entendre dans l'armoire et que de petites voix s'écrièrent :

– Debout, debout ! Il faut marcher au combat cette nuit même ! Debout, debout pour le combat !

Et en même temps on entendait un harmonieux bruit de petites sonnettes qui retentissaient avec grâce et gentillesse.

– Ah ! c'est mon petit carillon ! s'écria Marie avec joie en se mettant promptement de côté.

Elle vit alors comme tout s'éclairait, se remuait et s'agitait dans l'armoire. C'étaient plusieurs poupées qui couraient les unes aux autres, s'aidant de leurs petits bras. Le Casse-Noisette se leva tout à coup, rejeta sa couverture de laine, s'élança des deux pieds sur le lit et s'écria :

– Crac, crac ! sot peuple de rats, race de souris, cric-crac ! véritable mic-mac !

Et, tirant sa petite épée, il l'agita en l'air en disant :

– Chers amis et vassaux, voulez-vous me suivre au combat ?

Au même moment, trois Scaramouches, un Pantalon, quatre petits ramoneurs, deux joueurs de sistre et un tambour répondirent avec force :

– Oui, seigneur, nous sommes tes fidèles ! Avec toi nous irons à la mort, à la victoire, au combat !

Et, imitant le hardi Casse-Noisette qui venait de risquer le saut périlleux, ils se précipitèrent avec lui du haut de l'armoire. Ils pouvaient se précipiter sans risques, car non seulement leurs habits étaient de drap et de soie, mais leur bedaine n'était remplie que de laine et de crin : aussi tombèrent-ils comme des sacs. Il n'en était pas ainsi du pauvre Casse-Noisette, et il eût certainement cassé bras et jambes, tant son corps de sapin était sec, si Mlle Clara ne s'était précipitée de son canapé avant lui et n'eût reçu mollement le héros dans ses bras.

– Ah ! chère et bonne Clairette, s'écria Marie, comme je t'ai méconnue ! Certainement, tu as cédé volontiers ton lit au Casse-Noisette.

Mlle Clara serra sur sa poitrine de soie le jeune héros, et lui dit :

– Seigneur, malade et blessé comme vous êtes, vous n'allez pas vous jeter dans la mêlée ! Voyez vos vassaux qui se disposent joyeusement au combat. Scaramouche, Pantalon, le tambour et les autres sont déjà sur le plancher, et les figures de mon éventail se remuent aussi et se mettent en mouvement. Restez dans mes bras, seigneur, et regardez votre victoire du haut de mon chapeau à plumes !

Ainsi parla Clara, mais Casse-Noisette montra beaucoup d'impatience et remua si fort les jambes que Clara fut forcée de le mettre à terre. En ce moment, il s'agenouilla poliment et dit :

– Ô madame, la faveur et la grâce que vous m'accordez ne seront pas oubliées par moi pendant le combat !

Clara se baissa vers lui, le releva doucement, détacha vivement l'écharpe qu'elle portait et voulut en ceindre le petit homme ; mais celui-ci recula de deux pas, mit la main sur sa poitrine et dit très solennellement :

– Ne prodiguez pas ainsi votre faveur à un indigne, Madame, car…

Il hésita, soupira profondément, arracha le petit ruban avec lequel Marie l'avait attaché, le pressa contre ses lèvres, en fit une écharpe, tira son épée et s'avança hardiment vers ses troupes. Aussitôt les sifflements et les piétinements recommencèrent ; les bataillons de rats, plus nombreux que jamais, s'agitèrent, et, au-dessus de toutes les têtes, s'élevaient les sept têtes de l'affreux rat couronné.

V

La bataille

– Battez la générale, tambour, notre fidèle vassal ! s'écria Casse-Noisette d'une voix très distincte.

Et le tambour se mit aussitôt à battre avec beaucoup d'habileté, et si bien que les vitres de l'armoire tremblèrent et vibrèrent. Un grand bruit se fit entendre au-dedans, et Marie vit que, sous les couvercles des boîtes où l'armée de Fritz était entassée, tout sautait avec violence, que les soldats en sortaient en tumulte et se rassemblaient en brillants bataillons. Casse-Noisette allait le long des rangs, adressant des paroles enivrantes aux troupes :

– Que pas un de ces chiens de trompettes ne bouge ! s'écria-t-il en colère.

Puis, se tournant vers Pantalon, qui était devenu un peu pâle et dont le long menton branlait beaucoup, il lui dit solennellement :

– Général, je connais votre courage et votre expérience ; tout dépend ici de la rapidité du coup d'œil et du mouvement. Je vous confie le commandement de toute la cavalerie et de l'artillerie. Vous n'avez pas besoin d'un cheval ; vos jambes sont assez longues. Faites maintenant votre devoir.

Aussitôt Pantalon approcha ses longs doigts de sa bouche, et il en sortit un bruit semblable à celui de vingt trompettes. On entendit dans l'armoire un grand bruit, et les cuirassiers ainsi que les dragons de Fritz, ayant à leur tête les brillants hussards nouvellement formés, débouchèrent et étendirent leurs lignes sur le parquet. Alors on vit défiler régiment sur régiment, les enseignes déployées et la musique retentissant en tête. En avant roulaient les canons de Fritz, entourés de leurs canonniers, et bientôt on entendit bom, bom ! et Marie vit les cavaliers de sucre se jeter dans les rangs des rats, et ceux-ci s'enfuir, couverts de poussière blanche et très honteux de leur défaite. Une grosse batterie qu'on avait dressée sur un tabouret leur fit surtout beaucoup de mal ; les muscades dont elle était chargée tombaient sans interruption dans les rangs des rats et les éclaircissaient ; mais tout à coup un sifflement singulier se fit entendre et la poussière ainsi que la fumée empêchèrent Marie de distinguer ce qui se passait ; seulement elle reconnut que tous les corps s'attaquaient avec beaucoup d'acharnement, et que la victoire était indécise. Les rats développaient de plus en plus de fortes masses, et leurs petites balles d'argent tombaient déjà jusque sur l'armoire. Clara et Gertrude couraient çà et là dans le plus grand désespoir et se tordaient les mains.

– Faut-il donc que je meure dans les plus beaux jours de ma jeunesse, moi la plus belle des poupées ! s'écriait Clara.

– Me suis-je si bien conservée pour périr entre ces quatre murailles ! s'écriait Gertrude.

Puis elles se jetaient au cou l'une de l'autre et gémissaient si fort qu'on les entendait au milieu de tout ce tapage ; car du spectacle qui s'offrit alors, vous n'en avez aucune idée, digne lecteur. Cela allait : prr, prr, pouff, piff, ding, ding, bum, bom, bam ! et l'on entendait les petits cris du roi des rats et des siens, et ensuite la voix puissante de Casse-Noisette qui distribuait ses ordres, et on le voyait affronter le feu à la tête des bataillons ! Pantalon avait fait quelques charges de cavalerie très brillantes et s'était couvert de gloire ; mais les hussards de Fritz, attaqués par les souris avec de vilaines balles qui faisaient des taches à leurs dolmans rouges, furent intimidés un moment. Pantalon leur fit faire conversion à gauche et, dans l'entraînement, il les imita et tourna le dos avec ses dragons et ses cuirassiers. La batterie postée sur le tabouret se trouva découverte, et une colonne de vilains rats accourut au galop et l'entoura ainsi que les canonniers. Casse-Noisette parut très abattu, et commanda à l'aile droite un mouvement rétrograde. Pendant ce rude combat, des masses de la cavalerie des rats avaient débouché sous la commode et s'étaient jetés avec de vilains cris sur l'aile gauche de Casse-Noisette, mais là ils trouvèrent une vigoureuse résistance. Ce corps s'était formé lentement en carré plein, et les troupes qui le composaient combattaient avec courage et persévérance. C'était un mélange de soldats de toute espèce, de tyroliens, de tartares, d'arlequins, de cupidons, de lions, de tigres et de singes ; mais rien ne semblait pouvoir sauver l'armée, qui était en pleine retraite et qui perdait beaucoup de monde. Enfin le malheureux Casse-Noisette, se trouvant repoussé avec un très petit nombre des siens jusqu'à l'armoire, s'écria :

– Faites avancer la réserve !… Pantalon, Scaramouche, tambour, où êtes-vous ?…

Il avait bien, en effet, quelques auxiliaires du fond de l'armoire : c'étaient des hommes et des femmes avec des casques dorés de Nuremberg ; mais ils combattirent si malhabilement qu'ils ne purent empêcher l'ennemi de cerner Casse-Noisette. Il voulut se rejeter dans l'armoire ; mais ses jambes se trouvèrent trop courtes. Clara et Gertrude étaient évanouies et ne pouvaient venir à son aide ; les hussards et les dragons passaient au grand galop dessus lui et se précipitaient dans la forteresse ; et il s'écriait dans un terrible désespoir :

– Un cheval !… Un cheval !… Mon royaume pour un cheval !…

En ce moment, deux tirailleurs ennemis le saisirent par son manteau de bois, et le roi des rats accourut en triomphe en lançant de grands cris par ses sept gosiers.

– Ô mon pauvre Casse-Noisette ! s'écria Marie en pleurant, et, sans trop savoir ce qu'elle faisait, elle saisit son soulier gauche et le lança au milieu des rats et contre leur roi. Dès ce moment tout disparut. Marie ressentit une violente douleur au bras et s'évanouit.

VI

La maladie

Lorsque Marie revint de son évanouissement, elle était étendue sur son petit lit, et le soleil étincelait dans sa chambre à travers les carreaux de sa croisée couverts de glaçons. Près d'elle était assis un étranger qu'elle reconnut bientôt pour le chirurgien Wondelstern. Il disait à voix basse :

– La voilà qui se réveille !

La mère accourut et l'examina avec inquiétude.

– Ah ! ma chère mère, murmura Marie, tous les rats sont-ils partis et Casse-Noisette est-il sauvé ?

– Ne dis pas de telles folies, chère Marie, lui répondit sa mère ; qu'avons-nous à faire avec les rats et le Casse-Noisette ?… Méchante enfant, tu nous a causé bien des inquiétudes. Il arrive ainsi aux enfants qui ne suivent pas les conseils de leurs parents. Tu as voulu jouer jusque bien avant dans la nuit avec tes poupées, le sommeil t'a prise ; une souris t'aura effrayée, bien que je n'en aie jamais trouvé ici ; tu as fait un mensonge lorsque tu as dit t'être blessée à une vitre de l'armoire ; et M. Wondelstern, qui a visité ta blessure, prétend que tu pouvais te couper une veine et perdre tout ton sang. Dieu soit loué, je me suis éveillée à minuit et, ne te voyant pas, j'ai couru dans l'autre chambre où tu étais étendue sans mouvement près de l'armoire, entourée des soldats de plomb de Frédéric, de tes poupées, de tes petits personnages en sucre, le Casse-Noisette sur ton bras ensanglanté, et ton soulier gauche à quelques pas de toi.

– Ah ! ma mère, ma mère, dit Marie ; ce sont les traces de la grande bataille qui a eu lieu entre les rats et les poupées. Lorsque je vis que les rats allaient faire prisonnier le pauvre Casse-Noisette, qui commandait les poupées, j'ai eu grand peur, j'ai jeté mon soulier au milieu des rats, et Dieu sait ce qui est arrivé.

Le chirurgien fit un signe à sa mère, et celle-ci dit vivement à sa fille :

– C'est bien, ma chère enfant. Tranquillise-toi : les rats sont tous partis, et Casse-Noisette est fort bien portant dans l'armoire.

Le conseiller en médecine entra en ce moment dans la chambre, conféra avec le chirurgien, tâta le pouls à Marie et parla de fièvre chaude. Il lui fallut rester dans le lit, prendre des médecines et jeûner quelques jours, bien qu'elle ne se sentît pas malade. Elle savait que Casse-Noisette était revenu sain et sauf de la bataille, et souvent, en rêve, elle l'entendait lui dire avec un accent douloureux :

– Marie, noble fille, je vous remercie grandement ; mais vous pouviez faire davantage pour moi !...

Marie cherchait vainement ce que ce pouvait être ; elle ne devinait pas.

Marie ne pouvait pas bien jouer à cause de son bras blessé, et, dès qu'elle voulait lire ou feuilleter un livre d'images, ses yeux s'obscurcissaient et elle était forcée de cesser : aussi le temps lui paraissait bien long, et elle avait peine à attendre l'heure du crépuscule, où sa mère venait s'asseoir près de son lit, lui faire la lecture et lui conter des histoires. Une fois, la mère venait de finir la belle histoire du prince Facardin lorsque la porte s'ouvrit, et Marie vit entrer le parrain Drosselmeier.

– Il faut bien que je voie comment va la pauvre Marie, dit-il en entrant.

Mais dès que Marie eut aperçu le parrain avec son habit jaune, le souvenir de la bataille des rats lui revint à la mémoire et elle s'écria :

– Ô parrain, que tu es devenu laid ! Je t'ai bien reconnu quand tu étais assis sur la pendule et que tu la couvrais de tes ailes ; je t'ai bien vu quand tu appelais le roi des rats. Pourquoi n'es-tu pas venu au secours de Casse-Noisette ? Vilain parrain, n'es-tu pas cause que je suis blessée et que je suis malade et dans le lit ?

La mère, effrayée, demanda à Marie ce qu'elle avait, mais le parrain fit une singulière grimace et dit d'une voix monotone :

– Les pendules doivent balancer, balancer ; les heures couler, frapper, sonner. Balancez, balancez, sonnez, sonnez. Ding, dang, ding, dang. Petites filles et poupées, ne soyez pas effrayées. La clochette a sonné, les rats sont chassés ; le hibou, hou, hou, ouvre l'aile et vient à vous. Pic, pac, pic, pac ; sonnez, clochettes ; sonnez, frappez, balancez. Ding, dang, ding, dang, l'heure noire a passé. Les rats sont chassés.

Marie regarda le parrain avec de grands yeux, et il lui semblait encore plus laid que de coutume ; mais la mère prit un air fort sérieux et lui demanda ce qu'il voulait dire.

– Ne connaissez-vous pas ma jolie chanson d'horloger ? dit-il. C'est celle que je chante toujours aux malades comme Marie.

En parlant ainsi, il s'assit près du lit de la petite fille et lui dit :

– Ne sois pas fâchée si je n'ai pas tué le roi des rats et si je ne lui ai pas arraché ses quatorze yeux, mais cela ne se pouvait pas. En dédommagement, je t'apporte quelque chose.

Le conseiller fouilla dans sa poche, et ce qu'il en tira tout doucement, bien lentement, c'était le Casse-Noisette dont il avait replacé fort adroitement les dents et à qui il avait raccommodé la mâchoire. Marie bondit de joie dans son lit.

– Tu vois, dit le conseiller, que ce Casse-Noisette que tu aimes tant n'a pas non plus une figure très gracieuse et qu'il n'est pas le mieux fait du monde. Si tu veux m'écouter, je te conterai comment cette laideur est devenue héréditaire dans sa famille. Mais peut-être sais-tu déjà l'histoire de la princesse Pirlipat, de la sorcière Sourisgrise et de l'habile horloger.

– Mais, parrain, dit Fritz en examinant le Casse-Noisette, pourquoi donc lui avez-vous ôté son épée ?

– Que m'importe l'épée de Casse-Noisette ! dit le parrain. S'il en a besoin, qu'il s'en procure une où il voudra.

– L'histoire, l'histoire ! dit Marie.

– J'espère, dit la mère, que votre histoire ne sera pas terrible comme toutes celles que vous contez.

– Au contraire, dit le parrain, elle est fort gaie et ne vous fera nulle peine.

– L'histoire, l'histoire ! dirent les deux enfants.

Et le parrain commença ainsi :

VII

Histoire de la noix dure

– La mère de Pirlipat était femme d'un roi, par conséquent une reine ; et Pirlipat elle-même, dès qu'elle parut au monde, naquit princesse. Le roi fut hors de lui, tant il était joyeux de posséder cette jolie petite fille qui était dans son berceau. Il chanta, il dansa, il sauta sur une jambe, et s'écria vingt fois :

« – Heysa ! A-t-on jamais rien vu de plus beau que ma petite Pirlipat !

« Et tous les ministres, les généraux, les présidents et les officiers d'état-major sautaient comme leur souverain sur une jambe, en s'écriant très fort :

« – Non, jamais on n'a vu rien de plus beau !

« Il est vrai qu'il était impossible de nier que jamais plus bel enfant que la princesse Pirlipat eût paru sur la terre : son visage semblait tissu de soie rose et de fleur de lys, ses yeux étaient d'un brillant azur, et ses cheveux dorés s'arrondissaient en longs anneaux. Pirlipat avait en outre apporté au monde deux rangées de dents couleur de perle, avec lesquelles, deux heures après sa naissance, elle avait mordu si fort le chancelier qu'elle lui avait fait jeter un grand cri. De plus, Pirlipat avait de l'esprit, de l'âme et de la raison. Comme je l'ai dit, toute la cour était ravie ; la mère seule était triste, inquiète, et personne ne savait pourquoi. On remarqua surtout qu'elle faisait soigneusement garder le berceau de Pirlipat. Outre que les portes étaient garnies de trabants, six femmes et deux berceuses veillaient jour et nuit sur l'enfant. Ce qui parut encore plus singulier, c'est qu'on forçât ces six femmes à tenir chacune constamment un chat sur ses genoux, et à le caresser toute la nuit, de manière à ce qu'il ne cessât de *filer*. Il est impossible, chers enfants, que vous deviniez pourquoi la mère de Pirlipat avait pris toutes ces précautions ; moi, je le sais, et je vais vous le dire tout de suite.

« Il arriva un jour, à la cour du père de Pirlipat, que beaucoup de grands rois et de princes très agréables se trouvèrent rassemblés, ce qui occasionna nombre de carrousels, de comédies et de bals. Le roi, pour bien faire voir que l'or et l'argent ne lui manquaient pas, voulut une bonne fois tirer une grosse somme du trésor de la couronne et faire un festin extraordinaire. Après avoir conféré avec le maître pâtissier de la cour et avoir fait lever l'état des constellations par son astronome, il commanda un grand repas, se jeta dans sa voiture et alla inviter tous les rois et les princes à venir manger sa soupe. C'était une formule modeste qu'il prenait pour mieux surprendre ses hôtes. Ensuite il dit à la reine :

« – Tu sais comme j'aime les boudins, chère amie !

« La reine savait ce que signifiaient ces paroles. Elles signifiaient qu'elle devait s'occuper elle-même de la grande affaire du boudin. Le grand trésorier dut aussitôt apporter la grande marmite d'or et les casseroles d'argent ; on alluma un grand feu de bois de santal, et bientôt les bonnes vapeurs de la soupe au boudin s'élevèrent de la chaudière. Ce fumet exquis s'étendit jusque dans la salle du conseil, et le roi, saisi de ravissement, ne put se contenir.

« – Avec votre permission, messieurs ! s'écria-t-il.

« Et, s'élançant vers la cuisine, il courut embrasser la reine, remua le fond de la marmite avec son sceptre, et revint tranquillement prendre place au conseil. C'était au moment le plus important, où le lard, coupé par tranches, devait être rôti sur des grilles d'argent et jeté dans la chaudière. Les dames de la cour s'écartèrent par respect pour la reine qui voulait remplir seule la tâche que lui imposait son époux ; mais, au moment où le lard commençait à rôtir, une petite voix sifflante s'écria :

« – Donnez-moi de ce rôti, sœur ! Je veux festiner aussi ; je suis également reine !...

« La reine savait bien que c'était la dame Sourisgrise qui parlait ainsi. Dame Sourisgrise demeurait depuis beaucoup d'années dans le palais du roi ; elle prétendait être alliée à la famille royale, et reine dans le pays de Mansourie ; aussi avait-elle une grande suite. La reine était une bonne et bienfaisante dame : bien qu'elle ne voulût pas reconnaître Sourisgrise pour sa parente, elle lui accorda volontiers sa part du festin et lui dit :

« – Venez, dame Sourisgrise ; vous pouvez goûter à mon lard !

« Sourisgrise accourut aussitôt joyeusement et prit avec sa petite patte, l'un après l'autre, tous les petits morceaux de lard que la reine lui présentait. Mais en même temps accoururent tous les parents de Sourisgrise, et ses sept fils, mauvais sujets qui se jetèrent sur le lard, malgré la reine qui ne pouvait le défendre tant elle avait peur. Heureusement, le grand maître de la cour arriva et les chassa tous assez tôt pour qu'il restât un peu de lard, qui fut distribué dans tous les boudins d'après les calculs du mathématicien du palais.

« Les cymbales et les trompettes retentirent ; tous les potentats et les princes invités s'avancèrent en brillants habits de fête, sur des chevaux blancs ou dans des carrosses de cristal, et accoururent au festin. Le roi les accueillit avec beaucoup de courtoisie, et s'assit au haut bout de la table, la couronne en tête et le sceptre à la main. Tout à coup, en mangeant, le roi changea de couleur, il leva les yeux au ciel, des soupirs s'échappèrent de son sein, une douleur profonde semblait l'agiter ; enfin il tomba en arrière sur son trône, il joignit ses mains devant sa figure et se mit à gémir. Tout le monde se leva de table. Le médecin de la cour chercha vainement à saisir le pouls du malheureux roi ; enfin, après de longues exhortations, après l'emploi de grands moyens, tels que la plume brûlée et d'autres, le roi parut revenir à lui-même et balbutia ces mots à peine intelligibles :

« – Trop peu de lard !

« La reine se jeta à ses pieds en gémissant :

« – Ô mon malheureux époux, s'écria-t-elle, quelle douleur vous faut-il supporter ! Mais vous voyez la coupable à vos pieds. Punissez, punissez-la durement. Hélas ! dame Sourisgrise avec ses sept fils, ses cousins, ses parents, ils ont mangé le lard, et…

« À ces paroles, la reine tomba en arrière sans mouvement ; mais le roi, plein de colère, s'écria :

« – Grand maître, comment ces choses se sont-elles passées ?

« Le grand maître conta tout, et le roi résolut de tirer vengeance de Sourisgrise et de sa famille. Le conseil secret fut convoqué et on résolut de leur faire leur procès et de confisquer leurs biens ; mais comme cette mesure ne les eût pas empêchés de manger le lard, l'affaire fut portée devant l'horloger-mécanicien de la cour. Cet homme, qui se nommait ainsi que moi, Christian Elias Drosselmeier, promit de bannir la famille des souris pour toujours. Il inventa une petite machine à laquelle pendait à un fil un morceau de lard, et qu'il plaça près de la demeure de dame Sourisgrise. Elle était trop prudente pour ne pas reconnaître le piège, mais tous ses avis n'empêchèrent pas que ses sept fils et grand nombre de ses parents n'y fussent pris. Dès qu'ils touchèrent le lard, une planche s'abattit derrière eux ; ils se trouvèrent dans un cachot grillé, d'où on les transporta à la cuisine, où ils furent ignominieusement exécutés. Dame Sourisgrise quitta, avec le reste des siens, ce lieu de terreur. La colère, le désespoir, la vengeance s'étaient emparés de son âme. La cour se réjouit fort, mais la reine fut inquiète, car elle connaissait Sourisgrise et elle savait qu'elle vengerait la mort de ses parents.

« Mais c'est assez pour ce soir, dit le parrain en se levant ; demain le reste, mes enfants.

VIII

Suite de l'histoire de la noix dure

– Maintenant vous savez, mes enfants, continua le parrain, pourquoi la reine faisait garder si soigneusement la belle petite princesse Pirlipat. Ne devait-elle pas craindre la vengeance de dame Sourisgrise ? Car celle-ci avait promis de mordre mortellement la petite princesse. La machine du mécanicien ne suffisait pas, et l'astrologue du roi avait déclaré que la famille du chat Schnurr pourrait seule défendre la princesse contre la famille de Sourisgrise : aussi chaque berceuse avait-elle un jeune chat de cette race qui avait reçu à la cour le titre de conseiller de légation, et qui était chargé de veiller sans cesse sur la jeune princesse.

« Une fois, il était déjà minuit, lorsqu'une berceuse se réveilla de son profond sommeil : autour d'elle, tout le monde était endormi. Pas de chat ! Un silence profond, au milieu duquel on entendait ronger le bois du lambris ! Que devint la berceuse en apercevant une laide souris dressée sur ses jambes de derrière, qui contemplait attentivement la princesse ? Elle s'élança en poussant un cri d'effroi, mais au même moment Sourisgrise (car c'était elle) se jeta dans un coin de la chambre. Les conseillers de légation la poursuivirent, mais trop tard ; elle avait disparu par une fente du parquet. Pirlipat s'éveilla à ce bruit et pleura bien fort.

« – Dieu soit loué, elle vit encore ! » s'écrièrent les berceuses.

« Mais leur effroi fut bien grand en s'apercevant de la transformation de la princesse : sa tête était devenue énorme, son corps contourné, ses yeux d'azur avaient pris une teinte verte et brillante, et sa bouche s'étendait de l'une à l'autre oreille. La mère faillit mourir de désespoir, et il fallut tendre des tapis ouatés dans le cabinet du roi, tant il se frappait la tête contre les murs en criant :

« – Infortuné monarque que je suis !

« En même temps, sans s'inquiéter si la chose était possible, il ordonna que le médecin Drosselmeier rétablirait en deux mois la princesse dans son premier état, ou qu'il périrait par la hache du bourreau.

« Drosselmeier ne fut pas peu épouvanté ; cependant il eut confiance en son art et en son étoile, et commença aussitôt ses opérations. Il défit très adroitement la princesse Pirlipat, dévissa ses mains et ses pieds, et examina sa structure intérieure ; mais à son grand chagrin, il reconnut qu'en grandissant elle deviendrait de plus en plus difforme. La dernière semaine venait de se passer, et le roi, les yeux enflammés de colère, agitait son sceptre en disant :

« – Drosselmeier, guéris la princesse ou dispose-toi à mourir !...

« Drosselmeier pleurait amèrement, et pendant ce temps la princesse Pirlipat cassait joyeusement des noix. Pour la première fois, ce goût de la princesse pour les noix frappa le mécanicien ; il remarqua aussi qu'elle était venue au monde avec des dents. Il demanda aussitôt la permission de parler à l'astrologue de la cour. Ils se renfermèrent ensemble dans un cabinet, passèrent la nuit à contempler les étoiles ; enfin, il leur parut clair comme le jour que la princesse, pour revenir à sa beauté première, devait manger le doux noyau de la noix de cratacuc.

« La noix de cratacuc a une coquille si dure qu'une pièce de huit pourrait tirer dessus sans la briser. Cette noix devait être apportée à la princesse par un homme qui ne se serait jamais rasé et qui n'aurait jamais mis de bottes ; il devait lui présenter le noyau les yeux fermés. Le roi, qui était dans son jour de clémence, consentit à suspendre l'exécution du mécanicien et le laissa partir avec l'astronome pour chercher l'homme qui devait remettre Pirlipat dans son état naturel.

IX

Conclusion de l'histoire de la noix dure

Dans la soirée suivante, le parrain se trouva à son poste et raconta ce qui suit :

– Il y avait déjà quinze ans que Drosselmeier et l'astrologue étaient en route sans pouvoir découvrir la moindre trace de la noix cratacuc. Leurs aventures seraient trop longues à conter ; je dirai qu'à la fin Drosselmeier éprouva un violent désir de revoir la ville de Nuremberg, sa ville natale. Ce désir le saisit invinciblement un jour qu'il fumait une pipe de tabac avec son ami dans une grande forêt de l'Asie.

« – Ô belle ville de Nuremberg, belle cité, qui ne t'a pas vue, eût-il vu Londres, Paris et Peterwaradin, n'a pas éprouvé une véritable émotion ! Il doit conserver un désir pour toi, pour toi, ô Nuremberg, belle ville qui as de belles maisons avec des fenêtres !

« En entendant les plaintes de Drosselmeier, l'astronome fut saisi d'un chagrin profond, et se mit à gémir si fort qu'on l'entendit dans toute l'Asie ; mais il se remit bientôt, essuya ses pleurs et lui demanda :

« – Mais, honorable collègue, pourquoi restons-nous ici à gémir ? Pourquoi n'allons-nous pas à Nuremberg ? N'est-il pas parfaitement égal que nous cherchions cette fatale noix de cratacuc là ou ailleurs ?

« – Cela est vrai, répondit Drosselmeier, consolé.

« Tous deux se levèrent aussitôt, secouèrent leurs pipes, et s'en allèrent en droite ligne des bois où ils étaient, du milieu de l'Asie, à Nuremberg. À peine y étaient-ils arrivés que Drosselmeier courut trouver un sien cousin qu'il n'avait pas vu depuis de longues années. Il était fabricant de poupées, vernisseur, doreur, et se nommait Christophe Zacharias Drosselmeier. L'horloger lui conta toute l'histoire de la princesse Pirlipat, de dame Sourisgrise et de la noix dure, et à chaque mot le cousin s'écriait :

« – Que de choses merveilleuses, mon cousin !... et, d'étonnement, il frappait ses mains l'une contre l'autre.

« Drosselmeier continua de raconter les aventures de son long voyage, comment il avait passé deux années chez le roi des dattes, comment il avait été chassé par le roi des amandes, comment il avait consulté vainement la société des curieux de la nature dans le pays des écureuils ; bref, comment il avait échoué partout dans la recherche de la noix de cratacuc. Pendant ce récit, Zacharias s'était souvent pincé les doigts ; il avait tourné sur un pied, il s'était mordu la langue ; enfin, il jeta sa perruque et son bonnet en l'air, embrassa son cousin avec violence, et s'écria :

« – Cousin, cousin, vous êtes sauvé ; car tout me trompe ou je possède cette noix merveilleuse !

« À ces mots il ouvrit une boîte d'où il tira une noix dorée de médiocre grosseur.

« – Voici l'histoire de cette noix, dit-il en montrant la noix à son cousin. Il y a beaucoup d'années, à l'époque de Noël, un étranger vint ici avec un sac de noix qu'il voulait vendre. Juste devant ma boutique il eut une querelle, et déposa à terre le sac pour mieux se défendre contre les vendeurs de noix, qui ne voulaient pas qu'un étranger troublât leur commerce. En ce moment, un chariot lourdement chargé passa sur le sac, toutes les noix furent brisées, une seule exceptée, que l'étranger me donna en souriant d'un air singulier pour un blanc denier de 1720. Les circonstances de cet achat furent singulières, car je trouvai justement dans ma poche un denier tel que le voulait avoir le marchand ; ensuite je dorai la noix et je la conservai sans trop savoir moi-même pourquoi j'y attachais tant de prix.

« Tous les doutes sur l'authenticité de la noix disparurent lorsque l'astrologue de la cour eut enlevé la dorure, sous laquelle il lut distinctement, au bord d'une ride de la coquille, le mot de « cratacuc » en caractères chinois. La joie des voyageurs fut grande, et le cousin devint l'homme le plus heureux de la terre lorsque Drosselmeier lui annonça que sa fortune était faite. Le mécanicien et l'astrologue allaient se mettre dans leur lit, quand le dernier dit à l'autre :

« – Mon cher collègue, un bonheur ne vient jamais seul ! J'imagine que nous n'avons pas seulement trouvé la noix cratacuc, mais aussi l'individu qui doit la casser et rendre la beauté à la princesse. Je parle du fils de votre cousin. Non, je ne veux pas dormir cette nuit ; je la passerai à dresser l'horoscope du jeune homme.

« En parlant ainsi, il arrachait son bonnet de nuit de sa tête et se mettait en observation, le nez levé vers le ciel. Le fils du cousin était en effet un grand garçon qui ne s'était jamais rasé et qui n'avait jamais porté de bottes. Aux fêtes de Noël, il portait un habit rouge avec des tresses d'argent, une épée, le chapeau sous le bras, et une belle frisure avec une bourse à cheveux. Dans cette éclatante toilette, il se tenait au milieu de la boutique de son père et cassait par galanterie les noix de Noël aux jeunes filles ; aussi l'avait-on surnommé le beau Casse-Noisette. Le lendemain matin, l'astrologue se jeta au cou du mécanicien.

« – C'est lui, dit-il, nous l'avons trouvé ! Il faut seulement avoir soin de deux choses, chers collègues : d'abord faire attacher à la nuque de votre neveu une forte queue de bois qui communique avec la mâchoire inférieure, afin qu'on puisse la faire jouer à volonté, puis de ne pas divulguer notre secret en arrivant à la résidence, car je sais que celui qui rendra la beauté à la princesse sera son mari et l'héritier du royaume.

« Quand Drosselmeier et l'astronome eurent déclaré dans la résidence qu'ils avaient trouvé la fameuse noix dure, il se présenta grand nombre de gens, entre autres des princes, qui, se fiant à la bonté de leurs dents, entreprirent de rendre la beauté à la princesse. Ils ne furent pas peu effrayés en voyant un petit corps surmonté d'une tête difforme, dont la laideur était encore augmentée par un duvet cotonneux de couleur blanchâtre. Plus d'un blanc-bec en souliers se cassa les dents et les mâchoires à la noix, et s'en alla, à demi évanoui, en s'écriant :

« – Oh ! quelle dure noix !...

« Enfin, le roi, désespéré, ayant solennellement promis la main de sa fille à qui lui rendrait sa beauté, le jeune Drosselmeier se présenta pour tenter l'épreuve. Après avoir poliment salué le roi et la reine, il prit la noix des mains du maître des cérémonies, la plaça entre ses dents, tira vigoureusement sa queue, et en deux coups brisa la coquille ; il nettoya ensuite adroitement l'amande et la présenta à la princesse, qui l'avala. Aussitôt, ô merveille ! elle disparut, et on vit à sa place une jeune beauté ravissante. Les trompettes et les cymbales firent entendre des fanfares ; le roi et toute sa cour dansèrent sur une jambe comme à la naissance de Pirlipat, et la reine se trouva si fort saisie de joie qu'il fallut l'inonder d'eau de Cologne.

« Le grand tumulte n'avait pas empêché le jeune Drosselmeier de faire une grande révérence. Il recula de trois pas, comme il convient en pareil cas, mais au troisième un petit cri perçant se fit entendre : il avait marché sur dame Sourisgrise, qui sortait en ce moment d'une fente du parquet. Le malheureux jeune homme fut aussitôt métamorphosé comme l'avait été la princesse ; sa tête devint énorme, son corps carré et anguleux ; au lieu de sa queue, il eut un petit marteau de bois, qui faisait remuer sa mâchoire. Pendant ce temps, dame Sourisgrise, toute sanglante, se lamentait terriblement.

« – Ô maudite noix dure, disait-elle, c'est toi qui devais me faire mourir ! Mais Casse-Noisette mourra aussi, et mon fils me vengera. Ô belle vie, si fraîche et si vermeille, faut-il donc te quitter si tôt ! Mort, vilaine mort ! Déjà ! Couic !...

« À ce cri, dame Sourisgrise expira, et on la jeta par la fenêtre.

« Pour Drosselmeier, la princesse jeta un cri d'horreur en le voyant tel qu'il était. Le roi s'irrita très fort qu'on lui eût proposé pour gendre un Casse-Noisette et le fit jeter à la porte. Le mécanicien et l'astrologue furent bannis pour toujours. Toutes ces choses ne se trouvaient pas dans l'horoscope que l'astrologue avait tiré à Nuremberg : il voulut cependant prédire encore, et annonça que la métamorphose de Drosselmeier changerait quand il aurait tué le roi des rats, fils de Sourisgrise, et quand une dame l'aurait aimé sous sa laide figure.

Ici se termina l'histoire du conseiller. Marie prétendit que la princesse était une ingrate ; Fritz prétendit, au contraire, que Casse-Noisette n'avait que ce qu'il méritait, puisqu'il n'avait pas même eu le courage de tuer le roi des rats.

X

L'oncle et le neveu

Marie avait été obligée de passer toute une semaine dans le lit, mais enfin la santé lui revint et elle put sauter et jouer comme avant dans la chambre. L'armoire à vitres était brillante et belle, en bon ordre, remplie de fleurs, d'arbres, de poupées et de maisons. Avant toutes choses, Marie revit son cher Casse-Noisette, la mâchoire raccommodée, et lui sourit agréablement. L'histoire du parrain lui revint à la pensée ; elle songea que son Casse-Noisette n'était autre que le jeune Drosselmeier de Nuremberg, et ne douta pas que le parrain fût le mécanicien en personne.

– Mon cher monsieur Drosselmeier, dit Marie, si vous n'êtes pas en état de bouger ni de parler, je sais cependant que vous pouvez me comprendre. Comptez sur mon assistance si elle vous est nécessaire, et soyez sûr que je prierai votre oncle d'employer pour vous son habileté.

Le Casse-Noisette resta immobile ; mais Marie entendit une petite voix qui lui répondit :

– Marie, douce Marie, je suis à toi !

Marie s'enfuit ; une sueur froide inondait son visage, mais elle éprouvait cependant une secrète satisfaction.

Le soir, à l'heure du thé, Marie était assise dans son petit fauteuil, aux pieds de son parrain. Dans un moment de silence, Marie le regarda fixement avec ses beaux yeux bleus et lui dit :

– Je sais maintenant, cher parrain, que Casse-Noisette est ton neveu, le jeune Drosselmeier, de Nuremberg ; tu sais qu'il est en guerre avec le vilain roi des rats ; pourquoi ne viens-tu pas à son aide ?

Marie raconta toute l'histoire de la bataille. Elle fut souvent interrompue par les éclats de sa mère et de Louise. Fritz et Drosselmeier gardaient seuls leur sérieux.

– Ce sont des rêves, dit la mère, les rêves d'une malade.

– Ce sont des mensonges ! s'écria Fritz. Mes hussards rouges ne sont pas des poltrons ; s'ils avaient ainsi lâché pied, comme je les arrangerais !

Le parrain prit Marie sur ses genoux et lui dit :

– Tu auras beaucoup à faire si tu veux prendre la défense du pauvre Casse-Noisette, mais toi seule tu peux le sauver ; sois persévérante et fidèle.

En entendant ces paroles, le conseiller en médecine prit la main du parrain, lui tâta le pouls, et dit :

– Vous avez une forte congestion au cerveau, mon digne ami ; je veux vous prescrire quelque chose.

XI

La victoire

Peu de temps après, Marie fut éveillée, dans une belle nuit, par un singulier tapage.

– Ah ! les rats, les rats reviennent ! s'écria Marie, effrayée.

Et elle voulut réveiller sa mère, mais la frayeur l'empêcha de bouger, surtout lorsqu'elle aperçut les yeux étincelants du roi des rats qui, d'un bond, s'élança sur la petite table placée près de son lit.

– Petite fille, dit le rat, il me faut ton sucre et tes gâteaux, sinon je mordrai encore Casse-Noisette.

Et il disparut.

Le lendemain Marie était bien pâle, mais elle ne dit rien, car elle craignait de faire rire sa mère et sa sœur à ses dépens. Elle se dit bien toutefois que, pour sauver Casse-Noisette, il fallait sacrifier ses bonbons et ses gâteaux… et tout ce qu'elle avait, elle le posa le soir sur le rebord de l'armoire.

Le lendemain, son père lui dit :

– Je ne sais d'où nous viennent les souris, mon enfant, mais cette nuit elles ont mangé toutes tes friandises.

Marie ne les regretta point ; elle était bien heureuse d'avoir sauvé Casse-Noisette.

Mais que devint-elle lorsque, la nuit suivante, elle entendit de nouveau siffler à son oreille et qu'elle revit le roi des rats ?

– Petite fille, dit-il, il me faut toutes tes poupées de sucre, sinon je mordrai Casse-Noisette.

Et il disparut de nouveau.

Les larmes vinrent aux yeux de Marie : ses figures de sucre étaient si belles ! Elle regarda Casse-Noisette : il avait l'air si triste ! Il semblait que les sept petites gueules du roi des rats fussent ouvertes pour le croquer. Elle embrassa toutes ses poupées de sucre et les plaça au bas de l'armoire. Le lendemain, elles avaient disparu.

Le soir, le conseiller en médecine se plaignit fort des souris qui rongeaient tout dans la chambre.

– Le boulanger, dit Fritz en riant, a un excellent conseiller de légation qui est tout gris ; je vais le chercher ; il exterminera tous les rats, fût-ce le fils de dame Sourisgrise en personne.

– Et ton conseiller brisera tous les verres et toutes les porcelaines, dit le père ; il vaut mieux placer une souricière dans la chambre de Marie ; le parrain nous en fera une ; ne sait-il pas tout faire ?

– D'autant mieux, dit Fritz en riant, que c'est lui qui les a inventées.

Dans la nuit, la pauvre Marie eut encore la fatale visite ; le roi des rats grimpa sur ses épaules et lui dit à l'oreille :

– Il me faut tous tes livres d'images, tes beaux habits, sinon je mordrai jusqu'à la mort ton Casse-Noisette !

Le lendemain, la mère disait :

– Le méchant rat n'a pas donné dans le piège ; mais sois tranquille, ma chère enfant, nous le chasserons bien…

À peine Marie se trouva-t-elle seule qu'elle alla à l'armoire et dit en pleurant au Casse-Noisette :

– Ah ! mon bon monsieur Drosselmeier, que puis-je faire pour vous, moi pauvre fille ! Ah ! si je donnais mes images et mes beaux habits au roi des rats pour qu'il ne vous mange pas, il voudrait ensuite autre chose, et vous finiriez toujours bien par tomber sous ses dents ! Que faut-il donc faire ?

– Que ne vous dois-je pas ! murmura Casse-Noisette. Mais ne donnez pour moi ni vos habits ni vos images ; procurez-moi seulement une épée, une épée, et laissez-moi faire !

« Mais où prendre une épée ? » pensa la petite. Elle alla consulter Fritz, qui n'avait cessé de penser avec douleur qu'elle avait accusé ses hussards d'avoir battu en retraite. Il demanda à sa sœur si tout ce qu'elle avait dit était bien vrai, et après que Marie lui en eut donné l'assurance, il s'avança rapidement vers l'armoire, tint un discours pathétique à ses hussards, leur coupa à tous leur plumet pour les punir, et leur défendit de sonner pendant un an la marche des hussards.

Quant au sabre, dit-il à Marie, je puis y pourvoir, attendu que j'ai mis hier à la retraite un vieux colonel de cuirassiers qui n'a plus besoin de sa lame.

Le sabre fut enlevé au vieux cuirassier et suspendu à la ceinture de Casse-Noisette.

La nuit suivante, Marie ne put dormir tant son inquiétude était grande. À minuit, elle entendit un léger bruit.

– Le roi des rats ! Le roi des rats ! s'écria Marie.

Et elle se dressa sur son lit, mais tout redevint tranquille. Bientôt on frappa doucement à la porte et, à sa petite voix flûtée, Marie reconnut Casse-Noisette, qui la pria de lui ouvrir ; elle se leva et tourna le bouton. Casse-Noisette parut aussitôt et tomba aux genoux de Marie.

– Mademoiselle, lui dit-il, c'est vous qui avez armé mon bras ; je vous amène l'ennemi vaincu.

En parlant ainsi, il lui présenta les sept couronnes du roi des rats qu'il portait à son bras ; en même temps, il la supplia de le suivre.

XII

Le royaume des poupées

– Je vais avec vous, monsieur Drosselmeier, dit Marie, mais il ne faut pas me mener loin et ne pas me retenir longtemps, car je n'ai pas encore fini de dormir.

– Je vais donc prendre le chemin le plus court, quoique le plus difficile, répondit Casse-Noisette.

Il marcha en avant, Marie derrière lui, jusqu'à la vieille et immense armoire aux habits placée sous le péristyle de la maison. À sa grande surprise, Marie vit que les deux battants de l'armoire étaient ouverts, et elle aperçut distinctement la pelisse de renard que son père portait en voyage. Casse-Noisette grimpa fort adroitement le long des ornements de la pelisse, se jucha sur une manche, en fit tomber un petit degré en bois de cèdre, et invita Marie à monter. Dès qu'elle se trouva sur le degré, Marie fut éblouie d'une vive lumière et il lui sembla qu'elle était sur une prairie qui étincelait d'un éclat sans pareil.

– Nous sommes sur la place de Sucre-Candi, dit Casse-Noisette, et nous allons passer par une des portes.

La porte s'élevait à quelques pas de là, elle semblait bâtie de marbre blanc veiné de brun et de rose ; mais en approchant, Marie reconnut que toute cette masse consistait en amandes et en raisins confits. Sur le fronton de cette porte, six jolis singes habillés de rouge faisaient la plus belle musique de janissaires qu'on eût jamais entendue. Bientôt Marie se trouva environnée des plus doux parfums ; ils venaient d'une forêt merveilleuse qui s'étendait devant elle. Dans le sombre feuillage on distinguait comme des fruits d'or et d'argent suspendus à des branches bariolées ; les troncs et les cimes des arbres étaient ornés de rubans et de bouquets comme de joyeux fiancés ; et quand les zéphyrs remuaient les parfums des orangers, tout le feuillage retentissait comme une joyeuse musique au son de laquelle dansaient des milliers de petites lumières.

– Ah ! qu'il fait beau ici ! dit Marie dans le ravissement.

– Nous sommes dans le bois de Noël, dans le canton des étrennes, ma belle demoiselle, dit Casse-Noisette.

– Ah ! dit Marie, je voudrais bien rester ici, tant ce lieu me paraît beau.

Casse-Noisette frappa de ses petites mains, et on vit aussitôt quelques petits bergers avec leurs bergères, qui étaient si délicats et si blancs qu'on eût dit qu'ils étaient du sucre le plus fin. Ils apportèrent un joli petit fauteuil doré, y placèrent un doux coussin de réglisse, et invitèrent poliment Marie à s'asseoir. À peine s'y fut-elle placée que les bergers et les bergères exécutèrent un charmant ballet, puis ils se perdirent dans le bois.

– Pardonnez-moi, mademoiselle, dit Casse-Noisette, si la danse a paru misérable, mais ce ne sont que des personnages de notre opéra mécanique, et ils exécutent toujours la même chose. Mais continuons notre promenade.

– Ah ! mon Dieu, toutes ces choses étaient fort jolies et elles m'ont fait beaucoup de plaisir, dit Marie en se levant pour suivre Casse-Noisette.

Ils passèrent le long du ruisseau d'eau de fleur d'oranger, et Casse-Noisette lui dit que ce cours n'était rien près du fleuve de la Limonade dans lequel il se jette, et qui se répand lui-même dans le grand océan de lait d'amande. En effet, Marie entendit bientôt un grand murmure, et elle aperçut le fleuve de la Limonade qui s'échappait en tournoyant et roulait orgueilleusement ses flots couleur isabelle entre deux rives couvertes d'une brillante verdure. Non loin de là on voyait des eaux d'un jaune foncé, au bord desquelles pêchaient de jolis enfants. À quelque distance on distinguait un village dont l'église, le presbytère, les granges, les maisons étaient de couleur brune, avec des toits dorés.

– C'est le village de Nougat, dit Casse-Noisette ; ses habitants sont fort aimables, mais ils souffrent tous du mal de dents ; aussi nous n'y entrerons pas.

Ils traversèrent aussi la vallée des Bonbons et le pays de Chocolat ; mais Casse-Noisette allait toujours en avant en disant :

– À la capitale, à la capitale !

XIII

La capitale

Casse-Noisette frappa de nouveau des mains. Ils se trouvaient sur les bords d'une mer rose, et Marie vit arriver de loin, sur les vagues, un chariot formé d'une seule coquille étincelante, d'un brun doré, et ornée de pierres précieuses ; elle était traînée par deux dauphins. Douze petits Maures charmants, avec des bonnets et des tabliers de plumes de colibri, s'élancèrent sur le rivage et portèrent Marie et Casse-Noisette sur les flots, dans la voiture qui se mit aussitôt en mouvement. Quel charmant voyage que celui de Marie ainsi portée dans sa coquille de nacre, entourée de vapeurs de roses et glissant doucement sur les flots roses ! Les deux dauphins aux écailles dorées, relevant leurs naseaux humides, faisaient jaillir dans les airs deux gerbes de cristal qui retombaient comme deux arcs-en-ciel diaprés, et de petites voix argentines chantaient :

– Qui nage, nage sur la mer des roses ? C'est la fée, la petite fée ! Bien, bien ! agitez vos ailes blanches ! nagez ! nagez, petits poissons ! volez, volez, petits oiseaux d'or ; roulez, flots d'argent ; sonnez, coulez, frémissez, car voici votre fée !

Mais les douze petits Maures semblaient prendre fort mal toute cette musique, car ils secouèrent si fort leurs parasols que les feuilles de dattier dont ils étaient formés se détachèrent, et ils se mirent aussi à piétiner violemment derrière le char de Marie.

– Les Maures vont fâcher toute la mer, dit Casse-Noisette.

En effet, on entendit bientôt de singulières voix dans les airs et dans les eaux ; mais Marie n'y fit pas attention, et elle se mira dans les ondes couleur de rose, où lui souriait un charmant visage de jeune fille.

– Ah ! s'écria-t-elle en frappant joyeusement des mains, voici la princesse Pirlipat qui me sourit gracieusement ! Regardez donc, en grâce, mon cher monsieur Drosselmeier !

Casse-Noisette soupira douloureusement et dit :

– Ô belle demoiselle, ce n'est pas la princesse, c'est votre propre visage qui vous sourit aussi gracieusement dans ces eaux !

Marie releva aussitôt la tête, ferma les yeux et eut grande honte. À ce moment, elle fut soulevée par les douze Maures, qui la portèrent sur la rive. Elle se trouva dans un petit bois qui était encore plus joli que celui de Noël, tant les arbres et la verdure y étincelaient, et tant il en sortait de parfums.

– Nous sommes dans le bois des Confitures, et là-bas c'est la capitale, dit Casse-Noisette.

Qu'aperçut alors Marie, grand Dieu ! Non seulement les tours et les murailles brillaient des plus magnifiques couleurs, mais aussi la forme des édifices n'avait rien de pareil sur la terre ; car les maisons, au lieu de toits, portaient de belles couronnes et toutes étaient surmontées par un beau feuillage. En passant sous la porte, bâtie en macarons et en pastilles, des soldats d'argent présentèrent les armes et un petit homme en robe de chambre de brocart se jeta au cou de Casse-Noisette en lui disant :

– Ô mon prince, soyez mille fois le bienvenu dans la ville confite !

Marie ne s'étonna pas peu en trouvant un prince dans la personne de son guide. Elle entendit alors tant de voix retentir à la fois, des cris et des rires si multipliés, un bruit de jeux et de chants si assourdissant, qu'elle ne savait que penser et qu'elle interrogea Casse-Noisette sur la cause de tout ce tumulte.

– Ma belle demoiselle, répondit Casse-Noisette, c'est le train ordinaire. Villeconfite est une cité très joyeuse et très peuplée ; ainsi vont les choses chaque jour. Mais venez avec moi.

À peine eurent-ils fait quelques pas qu'il découvrirent la place du Marché, où s'offrit à eux le plus beau point de vue. Toutes les maisons à l'entour étaient entièrement de sucre découpé à jour ; on avait élevé galerie sur galerie ; au milieu un grand gâteau, en forme d'obélisque, était flanqué de quatre fontaines d'où s'échappaient de la limonade et d'autres douces boissons, et dans le bassin se formait une mousse si épaisse qu'on aurait pu la prendre à la cuillère. Mais ce qui était plus beau que tout cela, c'étaient les petites gens qui se pressaient par milliers, qui se cognaient la tête l'une contre l'autre, qui se poussaient, qui riaient, qui chantaient, bref qui faisaient ce prodigieux tintamarre que Marie avait entendu de loin. Dans cette foule se trouvaient des gens habillés de toutes les façons, des Arméniens, des Grecs, des Juifs, des Tyroliens, des officiers, des soldats, des prêtres, des bergers, en un mot tous les gens possibles. À l'un des coins de la place, il s'éleva un grand tumulte, le peuple se sépara et courut voir le Grand Mogol, qui se faisait porter sur un palanquin, accompagné par quatre-vingt-treize grands de l'empire et sept cents esclaves. En ce même moment, à l'autre extrémité de la place, la corporation des pêcheurs, forte de cinq cents hommes, venait en cortège et, par malheur, le Grand Turc prit fantaisie de se promener à cheval sur le marché avec trois cents janissaires. Ce fut un bruit, un tumulte, un brouhaha sans égal ! On entendit aussi des plaintes, un pêcheur avait fait tomber la tête d'un bramine dans la foule, et le Grand Mogol avait failli être renversé. Le bruit augmentait sans cesse, et l'on commençait à se battre, lorsque l'homme en robe de chambre de brocart, qui avait salué Casse-Noisette du nom de prince à la porte de la ville, grimpa sur l'obélisque et cria d'une voix très claire :

– Confiseur ! Confiseur ! Confiseur !

Aussitôt le tumulte s'apaisa, chacun chercha à se sauver comme il put, le Mogol remonta à cheval, le bramine replaça sa tête sur ses épaules, et tous les cortèges défilèrent rapidement.

– Que signifie ce cri de « confiseur » ? demanda Marie à Casse-Noisette.

– Ma belle demoiselle, dit Casse-Noisette, le confiseur est ici une puissance inconnue, mais terrible, à qui on attribue un pouvoir sans bornes sur les hommes, dont il peut faire tout ce qu'il veut. C'est le destin qui gouverne ce petit peuple jovial, et il le redoute tellement que son nom, prononcé à haute voix, apaise les plus grands troubles, ainsi que vient de le faire M. le bourgmestre. Personne alors ne songe aux choses terrestres, aux coups, aux contusions qu'on a reçus, mais chacun rentre en soi et se dit : « Qu'est l'homme, et à quoi tient son existence ! »

Marie ne put retenir un cri d'étonnement à la vue d'un château couronné de mille tours aériennes, tout couvert de fleurs et parsemé d'étoiles.

– Nous sommes devant le château de Frangipane, dit Casse-Noisette.

Marie, tout absorbée dans la contemplation de cet édifice, remarqua que le toit d'une grande tour manquait et que des ouvriers étaient occupés à le réparer ; mais, avant qu'elle interrogeât Casse-Noisette, celui-ci contentait déjà sa curiosité.

– Il y a quelque temps, dit-il, ce château fut menacé d'une destruction entière. Le géant Bouchefriande, passant par là, mordit le haut d'une tour, et s'attaquait déjà à la coupole lorsque les bourgeois lui apportèrent en tribut tout un quartier de la ville et une partie du bois des Confitures, dont il se contenta.

Le discours de Casse-Noisette fut interrompu par une douce musique ; les portes du château s'ouvrirent, et douze petits pages, armés de flambeaux, en sortirent ; leur tête était formée d'une seule petite perle, leurs corps de rubis et d'émeraudes ; ils étaient suivis de quatre dames en qui il était impossible de méconnaître des princesses ; elles embrassèrent tendrement Casse-Noisette en s'écriant :

– Ô mon prince ! mon excellent prince ! ô mon frère !

Casse-Noisette semblait très ému, il s'essuyait fréquemment les yeux ; puis, saisissant la main de Marie, il dit d'un ton pathétique :

– Voici Mlle Marie, fille d'un digne conseiller en médecine, qui m'a sauvé la vie. Je parle de Mlle Marie, et non pas du docteur. Elle a jeté sa pantoufle contre mon ennemi mortel, elle m'a procuré le sabre d'un colonel en retraite, et c'est à elle que je dois la mort du roi des rats.

Les dames se jetèrent au cou de Marie en l'accablant de compliments, et la conduisirent dans le château dont les murs étaient de cristal, où on lui servit un repas magnifique. Au milieu du festin, la plus belle des sœurs de Casse-Noisette lui présenta une coupe pleine d'un sirop délicieux, et, tandis que Marie buvait à petits coups, Casse-Noisette contait son aventure en l'entremêlant des louanges de Marie. Pendant ce récit, Marie crut s'apercevoir que les paroles du prince devenaient de moins en moins distinctes ; les pages, les princesses perdaient aussi peu à peu de leurs couleurs éclatantes ; enfin tout s'affaiblit graduellement et se perdit dans un mouvement insensible qui la berçait doucement.

Conclusion

Prr – pouff ! fut le bruit qu'on entendit tout à coup. Marie tomba d'une hauteur prodigieuse : ce fut une terrible chute ! Mais elle ouvrit les yeux aussitôt et se trouva couchée dans son petit lit. Il était grand jour, et sa mère était devant elle, qui lui disait :

– Mais comment peut-on dormir aussi longtemps ! Le déjeuner est déjà prêt !

– Ô ma mère, ma chère mère, où m'a conduite cette nuit le jeune M. Drosselmeier, que de belles choses j'ai vues !

Marie conta tout son voyage à sa mère, et celle-ci lui dit :

– Tu as fait un beau rêve, ma chère Marie, mais il faut chasser tout cela de ta mémoire.

Marie soutint opiniâtrement qu'elle n'avait pas rêvé, mais qu'elle avait vu en réalité toutes ces choses. Sa mère la fit lever, la conduisit vers l'armoire à vitres, prit le Casse-Noisette qui était à sa place ordinaire, et lui dit :

– Petite folle que tu es, comment peux-tu croire que cette poupée de bois de Nuremberg a de la vie et du mouvement ?

– Mais, chère mère, dit Marie, je sais bien que ce petit Casse-Noisette est le neveu du parrain Drosselmeier !

Le conseiller en médecine, qui venait d'entrer, rit aux éclats.

– Ah ! reprit Marie les larmes aux yeux, tu te moques de Casse-Noisette, mon père, et il a cependant fort bien parlé de toi en me présentant aux princesses ses sœurs dans le château de Frangipane !

Les rires augmentèrent de plus belle, et la mère, ainsi que Fritz, en prirent leur part. Marie s'échappa alors, courut dans la chambre voisine, en rapporta les sept couronnes du roi des rats que Casse-Noisette lui avait remises dans la nuit précédente, et les présenta à sa mère. Le conseiller en médecine examina, dans un vif étonnement, ces petites couronnes artistement travaillées, brillantes et d'un métal inconnu. Il ne pouvait non plus se lasser d'admirer ce travail, qui ne pouvait avoir été fait par des mains humaines, et toute la famille insista pour savoir d'où venait cette merveille. Marie eut beau dire la vérité, on refusa de la croire ; son père la traita fort rudement et la nomma une menteuse. La pauvre enfant pleurait amèrement et ne pouvait que répéter son dire.

Tout à coup la porte s'ouvrit et le parrain entra.

– Que vois-je, dit-il, ma filleule Marie pleure et gémit ! Qu'a-t-elle donc ?

Le conseiller en médecine lui dit ce qui s'était passé et lui montra les couronnes. Dès que le parrain les eut aperçues, il se mit à rire.

– Folies, dit-il, ce sont les petites couronnes que je portais, il y a quelques années, à la chaîne de ma montre et que j'ai données à Marie le jour de sa naissance, lorsqu'elle eut deux ans : ne vous en souvenez-vous plus ?

Personne ne s'en souvint, mais Marie sauta au cou de son parrain.

– Ah ! toi qui sais tout, parrain, lui dit-elle, dis donc toi-même que mon Casse-Noisette est ton neveu et qu'il m'a donné ces couronnes !

Le parrain fit une grimace sans répondre, et le conseiller en médecine, prenant la main de Marie, lui défendit de parler de toutes ces folies si elle ne voulait pas qu'il jetât son Casse-Noisette par la fenêtre.

Marie ne parla plus de ses aventures, mais les souvenirs du merveilleux pays des poupées l'entouraient de fraîches et riantes images ; elle devint rêveuse, pensive, et elle restait tout le jour immobile au lieu de jouer comme autrefois. Un jour, il arriva que le parrain raccommoda une horloge dans la maison du conseiller en médecine. Marie, assise devant l'armoire, contemplait le Casse-Noisette. Tout à coup, elle s'écria involontairement :

– Ah ! monsieur Drosselmeier, si vous viviez réellement, je ne ferais pas comme la princesse Pirlipat, et je ne vous repousserais pas parce que vous avez cessé d'être un beau jeune homme !

Au même moment, il se fit un tel vacarme que Marie tomba évanouie sur son fauteuil. Lorsqu'elle revint à elle, sa mère la releva en disant :

– Comment une grande fille comme toi se laisse-t-elle ainsi tomber ! Voici le neveu du conseiller en justice qui arrive de Nuremberg ; allons, sois bien sage.

Elle leva les yeux ; le conseiller avait remis sa perruque, passé son habit jaune ; il souriait avec satisfaction et tenait par la main un jeune homme un peu petit, mais fort bien fait. Son visage, rouge et blanc, semblait un mélange de sang et de lait ; il portait un joli frac rouge orné de galons d'or, des bas de soie blancs et des souliers ; il avait un joli bouquet de fleurs dans son jabot, une belle coiffure poudrée, et une charmante queue par-derrière ; sa petite épée semblait faite de pierres précieuses, tant elle brillait, et son petit chapeau, qu'il portait sous le bras, luisait comme la plus belle soie. Le jeune homme montra tout de suite ses belles manières en apportant à Fritz un beau sabre, et à Marie des figures de sucre et des gâteaux tout semblables à ceux que les souris avaient mangés. À table, il cassa des noix pour tout le monde : les plus dures ne lui résistaient point ; de la main droite il les portait à sa bouche, de la gauche il tirait sa queue, et crac ! la noix tombait en pièces.

Marie devint rouge de feu en reconnaissant le jeune homme, et plus rouge encore lorsque, après dîner, le jeune Drosselmeier l'engagea à venir avec lui dans la chambre à l'armoire. À peine y fut-il qu'il tomba à ses genoux en disant :

– Ma belle demoiselle, vous voyez à vos pieds l'heureux Drosselmeier à qui vous avez sauvé la vie à cette même place ! Vous promîtes de ne pas me repousser comme l'a fait la princesse Pirlipat, et aussitôt je repris ma première forme. Ô belle demoiselle, accordez-moi votre main, partagez mon royaume et ma couronne, et régnez avec moi dans le château de Frangipane où je suis roi !

Marie le releva et dit à voix basse :

– Vous êtes bon et doux, et, comme vous avez un royaume bien agréable et bien joyeux, je vous accepte pour mon époux.

Marie devint la fiancée du prince. Un an après, il vint la chercher dans un carrosse d'or attelé de chevaux d'argent. À sa noce dansèrent vingt-deux mille poupées ornées de perles et de diamants, et présentement Marie doit être encore reine de ce pays, où l'on voit des arbres de Noël, des châteaux de Frangipane, et bien d'autres merveilles – quand on a des yeux pour les voir.

Extrait des *Contes*.
Traduit de l'allemand par Loève-Veimars.

Théophile Gautier

Noël

Le ciel est noir, la terre est blanche ;
– Cloches, carillonnez gaiement ! –
Jésus est né ; – la Vierge penche
Sur lui son visage charmant.

Pas de courtines festonnées
Pour préserver l'enfant du froid ;
Rien que les toiles d'araignées
Qui pendent des poutres du toit.

Il tremble sur la paille fraîche,
Ce cher petit enfant Jésus,
Et pour l'échauffer dans sa crèche
L'âne et le bœuf soufflent dessus.

La neige au chaume coud ses franges,
Mais sur le toit s'ouvre le ciel
Et, tout en blanc, le chœur des anges
Chante aux bergers : *« Noël ! Noël ! »*

Extrait d'*Émaux et camées.*

O. Henry

L'Arbre de Noël du père prodigue

Cherokee était le père de Yellowhammer.

Yellowhammer était une ville neuve de mineurs, construite principalement en bois et en toile. Cherokee était un prospecteur. Un jour, pendant que son bourricot mangeait du quartz et des pommes de pin, Cherokee déterra d'un coup de pioche une pépite qui pesait trente onces. Il fit enregistrer sa concession, puis, en homme large et généreux, il invita tous ses amis à venir partager sa chance.

Aucun des invités ne se fit prier. Ils rappliquèrent en hâte, du Gila, de Salt River, du Pecos, d'Albuquerque, de Phœnix, de Santa Fé et des campements intercalaires.

Aussitôt qu'un millier de citoyens furent arrivés et eurent demandé des concessions, ils intitulèrent leur « ville » Yellowhammer, élurent un « comité de vigilance », et offrirent à Cherokee une chaîne de montre constituée par une trentaine de pépites enfilées sur une ficelle.

Trois heures après cette cérémonie, la concession de Cherokee tarit brusquement. Il était tombé sur une poche, au lieu d'une veine. Il l'abandonna et en fit enregistrer plusieurs autres, successivement et vainement. La chance lui avait envoyé son baiser d'adieu. Jamais plus il ne put déterrer assez d'or à Yellowhammer pour payer seulement son ardoise au bar. Mais ses mille invités prospéraient pour la plupart ; Cherokee les félicitait en souriant.

Yellowhammer se composait d'hommes qui tirent leur chapeau à celui qui perd avec le sourire. Aussi invitèrent-ils Cherokee à leur dire ce qu'il désirait.

– Moi ? fit Cherokee. Oh ! rien que des provisions. J'ai comme une idée d'aller prospecter dans les Mariposas. Si je trouve un filon là-bas, je vous enverrai des nouvelles à tous. Je ne suis pas un type à refuser des cartes aux copains.

Donc, au mois de mai, Cherokee chargea son bourricot, et poussa cet animal patient et méditatif dans la direction du nord. De nombreux citoyens l'accompagnèrent jusqu'aux limites indéfinies de Yellowhammer et lui adressèrent des adieux cordiaux et retentissants, en remplissant ses poches de whisky. Et il fut prié de ne pas oublier qu'il y aurait toujours pour lui à Yellowhammer un lit, des œufs au jambon et de l'eau chaude pour se raser, au cas où la chance ne jugerait pas bon de venir se chauffer les mains à son feu de campement dans les Mariposas.

Le nom du père de Yellowhammer lui avait été attribué par les chasseurs d'or d'après leur système populaire de nomenclature. Il n'était pas nécessaire qu'un citoyen exhibât son extrait de naissance pour acquérir une étiquette patronymique. Le vrai nom de chaque homme était sa propriété personnelle, et la plupart du temps inutile. La population considérait qu'il était plus commode, pour appeler un copain au bar et pour le distinguer des autres bipèdes en chemise bleue, de lui décerner une appellation, un titre, ou même une épithète temporaires. Les singularités personnelles constituaient en général la source de ces baptêmes officieux. Souvent, l'on se contentait de désigner les hommes par le nom du pays d'où ils prétendaient issir, – comme « Kansas Jim », ou « Missouri Fred », par exemple. Certains se présentaient sous le nom de « Thompson », ou de « Adams », avec une assurance retentissante qui jetait immédiatement le soupçon sur leur déclaration. Quelques-uns, faisant preuve d'orgueil et d'impudence, n'hésitaient pas à révéler leur véritable état civil ; mais cela était considéré comme une marque d'arrogance malséante et c'était loin de vous rendre populaire. Un nouveau venu qui prétendit s'appeler « Chesterton

L.C. Belmont », et qui produisit des preuves écrites à l'appui, fut invité à quitter la ville avant le coucher du soleil.

« Courtaud », « Gratte-ciel », « Jambe torse », « Bill le feignant », « Rogers le soiffard », « Riley le boiteux », « Le Juge », « Eddie Tête-de-cheval », – telles étaient les appellations les plus en honneur. Cherokee avait été baptisé ainsi simplement parce qu'il prétendait avoir vécu pendant quelque temps chez les Indiens de ce nom.

Le 20 décembre, cette année-là, Baldy, le facteur à cheval, apporta à Yellowhammer une nouvelle quasi sensationnelle.

– Qu'est-ce que je vois à Albuquerque ? raconte Baldy aux clients du bar. Mon Cherokee tout embelli et décoré et festonné comme le tsar de Turquie, et avec ça jetant la monnaie à poignées. Lui et moi on a fait la nouba ensemble, et on a bu du tchim... tchampâgne. Et c'est Cherokee qui a tout casqué. Ses poches étaient aussi gonflées que l'estomac d'un touriste avant de passer la douane.

– Cherokee a dû tomber sur un filon, fit Ed le Californien. Tant mieux pour lui. C'est un Chic type et je suis heureux de son succès.

– J'pensais qu'Cherokee s'rait descendu jusqu'à Yellowhammer pour voir ses amis, dit un autre d'un ton un peu vexé ; mais c'est toujours comme ça : y a rien comme la prospérité pour vous faire oublier.

– Attendez donc, dit Baldy, j'ai pas fini. Paraît que mon Cherokee est tombé sur un filon qui rend un voyage en Europe à la tonne, là-haut dans les Mariposas. Alors il refile sa concession à une société pour cent mille dollars comptant ; et puis il se paie un manteau de phoque et un traîneau rouge, et... qu'est-ce que vous croyez qu'il se met dans la tête de faire après ça ?

– Joue tout le truc au « zanzi », dit Texas Dock.

– Viens que j'te bige ma poulette ! chante Courtaud, qui ne quitte jamais sa cravate rouge, même pour dormir.

– Acheter un bar ? suggère Rogers le soiffard.

– Cherokee m'entraîne dans une chambre, continue Baldy, et voilà c'que j'ai vu : c'est plein de tambours, de poupées, de petits traîneaux, de sacs de bonbons, de sifflets, d'animaux en peluche et d'un tas de jouets aussi gros que la pile de vieilles boîtes de conserves de la ville. Et qu'est-ce que vous croyez qu'il va faire avec tout ce bazar, hein ? Non, n'essayez pas de deviner. Eh bien, il va le charger sur son traîneau rouge et... non, attendez un peu avant de commander une tournée... et il va tout apporter ici, à Yellowhammer, pour offrir aux gosses – aux gosses de cette ville, vous m'entendez – le plus grand arbre de Noël et la plus formidable distribution de cadeaux de Nouvel An qui se soient jamais vus à l'ouest du Cap Hatteras !

Deux minutes de profond silence suivirent cette déclaration de Baldy. Le patron du bar, jugeant le moment propice, rompit le charme en faisant glisser rapidement, comme des pièces de monnaie, douze verres vides, et une bouteille de whisky pleine sur le comptoir.

– Tu ne lui as pas dit ? demanda le mineur intitulé Trinidad.

– Ma foi non, répondit Baldy d'un air pensif. J'savais pas trop comment m'y prendre. Vous comprenez, Cherokee avait déjà payé toute cette camelote ; et il paraissait tellement heureux d'avoir eu cette idée-là... Et puis on avait tellement siroté de tcham... tchimpagne. Alors j'ai rien pu dire.

– Je ne saurais réprimer un certain étonnement, dit le juge en accrochant au comptoir sa canne à poignée d'ivoire, à la pensée que notre ami Cherokee puisse avoir une conception aussi erronée de ce que je me permettrai d'appeler sa propre ville.

– Oh ! Y a rien d'étonnant là-dedans, dit Baldy. Voilà près d'un an que Cherokee a quitté Yellowhammer. Y peut s'passer des tas d'choses en un an. Comment pourrait-il deviner qu'y a pas un seul gosse dans cette ville et que j'vois pas comment qu'il pourrait en arriver avant la Noël ?

– Je n'y avais jamais pensé, remarqua Ed le Californien ; mais c'est tout d'même drôle qu'il soit jamais venu de gosse ici. Sans doute que la ville est encore trop neuve pour attirer les moineaux.

– Pour couronner cette orgie de cadeaux de Noël, poursuivit Baldy, Cherokee veut se déguiser en Saint Nicolas. Il a une perruque et une fausse barbe blanches comme le père Noël qu'on voit dans les bouquins à l'école, et un costume rouge tout bordé de poils de lapin blanc, et des gants de huit onces, et une casquette rouge haute comme ça. C'est-y pas une honte qu'y ait pas seulement trois ou quatre graines de marmaille pour profiter de tout c't attirail ?

– Quand est-ce que Cherokee compte arriver avec tout ça ? questionna Trinidad.

– La veille de Noël, dit Baldy. Et il demande que vous lui prépariez une salle avec un sapin dedans, et aussi des dames pour l'aider, – de celles qui n'ont pas la langue trop longue, qu'il a dit, à seule fin qu'ça soit une surprise pour les gosses.

Car telle était en effet la triste condition de Yellowhammer : les cris de la marmaille n'avaient jamais égayé ses maigres édifices ; jamais l'on n'avait entendu retentir de joyeuse et juvénile galopade tout au long de la rustique avenue qui s'étendait entre deux rangées de tentes et de constructions précaires. Sans doute les enfants viendraient-ils un jour. Mais Yellowhammer n'était alors qu'un campement de montagne, et l'on n'y apercevait nulle part les petits yeux malicieux et voraces, qui s'écarquillent dès l'aurore de ce jour de Noël enchanteur ; les petites mains avides qui se tendent vers les trésors fabuleux de Saint Nicolas ; et l'on n'y entendait point les petites voix si douces et si tendres, les petits cris d'extase qui auraient dû réjouir et récompenser le généreux Cherokee.

Quant aux femmes, il y en avait cinq à Yellowhammer. La femme du contrôleur des Mines, la propriétaire de l'hôtel du Bon-Filon et la blanchisseuse (qui ramassait une once de poudre d'or par jour dans ses lessiveuses) constituaient le contingent permanent. Les deux autres étaient les « Spangler Sisters » (Miss Fanchon et Miss Erma), de la « Transcontinental Comedy Company » qui jouaient, en ce moment, avec le reste de la troupe, au « Théâtre du Vaudeville », installé dans une grange. Mais il n'y avait pas d'enfants. Il arrivait bien parfois que Miss Fanchon personnifiât, sur les planches, avec esprit et succès, quelque robuste adolescent. Mais entre cet artificiel bambin, et les visions de marmots qu'entrevoyait Cherokee pour leur dispenser ses largesses célestes, il y avait un gouffre infranchissable.

Cette année-là Noël tombait un jeudi : le mardi matin Trinidad, au lieu de se rendre à son travail, s'en fut trouver « le Juge » à l'hôtel du Bon-Filon.

– Ça va être une honte pour Yellowhammer, dit Trinidad, si Cherokee fait fiasco ici avec son arbre de Noël. S'il y a un homme qui a fondé cette ville, on peut bien dire que c'est lui. Quant à moi, je vais voir ce qu'on peut faire pour que Saint Nicolas ne soit pas flousé.

– Je t'accorderais volontiers ma coopération, dit le Juge. Cherokee m'a rendu autrefois de très appréciables services. Mais, je ne vois pas... hum ! j'avais considéré jusqu'ici l'absence des enfants plutôt comme un luxe, si j'ose dire, comme une bénéd... hum ! mais dans le cas présent, évidemment... Cependant, je ne vois pas bien…

– Regarde-moi, dit Trinidad : je vais te montrer ce que c'est que le Système D en peau de chèvre et bottes de neige. Je vais atteler un chariot et que le diable me congèle si je ne ramène pas une cargaison de gosses pour le sketch de Saint-Nicolas-Cherokee, dussé-je razzier un orphelinat !

– *Eureka !* s'écria le Juge avec enthousiasme.

– Non, fit Trinidad d'un ton ferme, C'est pas toi, c'est moi qui ai trouvé. J'connais c'mot-là, j'l'ai appris à l'école : c'est c'qu'a crié Ménélas quand il a trouvé sa femme dans sa baignoire avec Jupiter déguisé en grenouille qui lui faisait...

– J't'accompagne ! déclara vivement le Juge, en brandissant sa canne. Il est possible que l'éloquence et la facilité de parole dont – hum ! je suis naturellement doué, Dieu soit loué – nous soient de quelque assistance pour persuader à nos jeunes amis de vouloir bien se prêter, si j'ose dire, à nos desseins.

En moins d'une heure, tout Yellowhammer fut au courant de ce projet, et l'approuva entièrement. Tous les citoyens qui connaissaient, dans un rayon de trente lieues à la ronde, des familles nanties de progéniture, s'empressèrent de communiquer leurs renseignements. Trinidad les prit soigneusement en note et se hâta d'aller préparer son attelage.

La première station sur la liste était une cabane en rondins située à quelque vingt kilomètres de la ville. À l'appel de Trinidad, un homme barbu ouvrit la porte, traversa la cour et vint s'appuyer sur la barrière branlante. Sur le seuil de la maison s'entassait une masse grouillante de marmots de trois à dix ans, plus ou moins haillonneux, – mais tous pleins de vie et de curiosité.

– Salut, voisin, dit Trinidad. Voilà c'qui nous amène. Nous sommes de Yellowhammer et on vient kidnapper des gosses pour le bon motif. L'un de nos citoyens proéminents est affligé de la Saint Nicolaïte, et on l'attend demain avec tout le Grand Bazar et les Galeries Ménagères dans sa hotte. Le gosse le plus jeune que nous ayons à Yellowhammer ne sort jamais sans son revolver et son rasoir mécanique. Subséquemment, nous sommes plutôt emmouscaillés pour savoir qui est-ce qui va crier : Ah ! et Oh ! quand on va allumer les bougies de l'arbre de Noël. Alors, mon vieux, si tu veux bien nous prêter quelques gosses, on te garantit de les ramener sains et saufs le soir de Noël. Et ils te reviendront avec un chargement de soldats, de polichinelles, de tambours, de trompettes, de berlingots, de locomotives, d'ours, de biscuits, d'autobus, de chocolats, de traîneaux, et de dromadaires, comme on n'en a jamais vu dans l'armée américaine. Qu'est-ce que t'en dis ?

– En d'autres termes, mon ami, dit le Juge, nous avons découvert, pour la première fois, dans notre petite cité embryonnaire, mais florissante, les inconvénients de l'absence de l'enfance. Comme nous atteignons maintenant la période de l'année au cours de laquelle il est d'usage de dispenser des cadeaux frivoles, mais généralement fort appréciés, aux jeunes et tendres...

– J'comprends, dit le père, en bourrant sa pipe avec son index. J'crois qu'c'est pas la peine... non, j'vous retiens pas, messieurs. Moi et la bourgeoise on a sept gosses, c'est l'cas de l'dire. Et quand j'y pense, j'vois pas bien l'quel qu'on pourrait vous prêter pour votre cérémonie. J'en ons besoin d'tous ceux gamins, c'est l'cas de l'dire. La bourgeoise, elle a fait des caramels, et y a encore cinq ou six vieilles poupées dans la huche à pain, et on va faire notre petit Noël à nous autres comme on pourra, c'est l'cas de l'dire. Non, si tentant qu'ça soit, j'vois pas ben comment qu'on pourrait s'passer même, d'un seul de nos loupiots. Merci tout d'même.

Les pèlerins se remirent en route, pour s'arrêter un peu plus loin au ranch de Wiley Wilson, au pied de la montagne. Trinidad renouvela sa requête, et le Juge récita, à son tour, sa pompeuse antistrophe. Mme Wiley serra contre elle ses deux gosses aux joues roses et son visage ne se détendit que lorsqu'elle vit son mari éclater de rire et secouer la tête négativement.

Trinidad et le Juge avaient épuisé vainement plus de la moitié de la liste lorsque le crépuscule commença d'ombrer le pied des collines. Ils passèrent la nuit dans une auberge rustique, et repartirent de bonne heure le lendemain matin, – sans avoir récolté un seul petit voyageur.

– J'commence à soupçonner, fit Trinidad, qu'essayer d'emprunter des mômes pour Noël, c'est comme si on demandait à un type qui vient d'acheter une paire de souliers neufs de vous prêter son coricide.

– C'est incontestablement un fait indiscutable, observa le Juge, que les... heu !... liens familiaux semblent plus cohérents et affermis que jamais à cette époque de l'année.

La veille de Noël, ils parcoururent douze lieues, pour essuyer quatre refus consécutifs. Partout les gosses semblaient faire prime.

Le soleil était déjà bas, lorsque la femme d'un chef de section du chemin de fer leur dit, en cachant derrière elle son inaliénable progéniture :

– J'ai entendu dire que la femme qui vient de prendre le buffet du chemin de fer à Granite Junction a un petit garçon. Peut-être bien qu'elle le laissera partir avec vous.

À cinq heures Trinidad arrêta ses mules à Granite Junction. Le train venait de partir avec sa cargaison de voyageurs repus et apaisés.

Sur le seuil du buffet se tenait un petit garçon de dix ans, maigre et insolent, qui fumait une cigarette. La salle à manger avait été transformée en chaos par les voyageurs affamés. Une jeune femme, qui avait l'air épuisée, se reposait sur une chaise. Son visage portait les marques d'un souci sans doute trop lourd pour elle. Elle avait dû posséder naguère une sorte de beauté pathétique qu'elle paraissait devoir conserver longtemps encore, mais dont l'éclat primitif s'était terni, semblait-il, pour toujours.

Trinidad exposa l'objet de sa mission.

– Ce sera un grand soulagement pour moi, dit-elle d'une voix lasse, si vous emmenez Bobby avec vous pendant quelques jours. Je n'arrête pas du matin au soir et je n'ai pas le temps de m'occuper de lui. Et il prend de mauvaises habitudes avec les hommes. C'est sa seule chance aussi de fêter Noël...

Les deux pèlerins sortirent et conférèrent avec Bobby. Trinidad dépeignit sous de brillantes couleurs les gloires de l'arbre de Noël et des cadeaux adjacents.

– Et en outre, mon jeune ami, ajouta le Juge, c'est Saint Nicolas lui-même qui distribuera personnellement les présents rappelant ceux apportés autrefois par les bergers de Bethléem à...

– Oh ! Passez la main ! fit le gosse en clignant de l'œil. J'suis pas un môme. Y a pas d'Saint Nicolas. C'est les parents qui achètent les jouets et qui les apportent quand on dort. Et ils font des raies dans la cheminée avec les pincettes pour nous faire croire que c'est l'traîneau à Nicolas qu'est passé par là !

– C'est possible, rétorqua Trinidad ; mais l'arbre de Noël, ce n'est pas un conte de fées, ça ! Celui-là ressemblera tout à fait au bazar d'Albuquerque. Un vrai séquoia, tellement il est grand. Et il y aura des tambours et des arches de Noé et...

– Oh ! zut ! dit Bobby d'un ton excédé. Y a longtemps qu'j'ai laissé tomber tout ça. J'veux une carabine, une vraie, pour tirer les chats sauvages. Mais j'pense pas qu'y en ait une sur votre vieux sapin.

– Oh ! je n'en sais rien, fit Trinidad d'un air diplomatique. C'est possible, après tout. Viens avec nous, tu verras bien.

Ce faible espoir suffit à vaincre les hésitations du gamin, qui finit par consentir au voyage. Nantis de cette unique contribution à la cérémonie projetée par Cherokee les pèlerins prirent le chemin du retour.

À Yellowhammer, les habitants avaient transformé une de leurs salles en quelque chose qui rappelait vaguement le bosquet domiciliaire d'une fée de l'Arizona. Les dames avaient bien travaillé. Au centre du parquet s'élevait un grand arbre de Noël, couvert jusqu'au sommet de bougies, de paillettes, et d'une quantité de jouets qui eût rassasié au moins trois douzaines de bambins. Un peu avant la tombée de la nuit, des regards anxieux commençaient déjà de scruter l'avenue, dans l'espoir d'y apercevoir l'équipage des chasseurs d'enfants. À midi, ce jour-là, Cherokee était arrivé en trombe avec son traîneau neuf surchargé de caisses, de balles, et de paquets de toutes formes et de toutes dimensions. Il était tellement absorbé par les préparatifs de ses projets altruistes, qu'il ne remarqua même pas la disette infantile qui régnait autour de lui. Et personne n'osa lui avouer la situation humiliante de Yellowhammer, car chacun espérait que les efforts de Trinidad et du Juge parviendraient à combler le déficit.

Lorsque le soleil se coucha, Cherokee, avec de multiples clins d'œil et un vaste sourire sur son visage tanné, se retira en emportant le ballot, qui contenait le vêtement de Saint Nicolas, et un paquet rempli de présents spéciaux et mystérieux.

– Quand les gosses seront rassemblés, recommanda-t-il au comité des fêtes, allumez les bougies sur l'arbre, et faites jouer les loupiots aux quatre coins. Quand ils seront bien lancés, – alors le vieux Saint Nicolas se glissera par la porte. Et il y aura une fameuse distribution de cadeaux.

Les dames voltigeaient autour de l'arbre, pour lui donner le dernier coup de pouce qui n'était jamais le dernier. Les « Spangler Sisters » étaient là, costumées l'une en « Lady Violet de Vere », l'autre en Marie la soubrette, – deux personnages de leur nouveau drame *La Fiancée du Mineur.* Le spectacle ne commençait qu'à neuf heures, et l'on avait accepté avec reconnaissance leur participation effective aux préparatifs de l'arbre de Noël. À chaque instant des têtes se penchaient par la porte pour voir, et pour écouter si l'équipage de Trinidad n'approchait pas. Bientôt l'espoir se mua en angoisse car la nuit était tombée, et il allait falloir allumer les bougies sur l'arbre, et Cherokee pouvait à chaque instant faire irruption dans son costume de père Noël.

Enfin, le chariot des pourvoyeurs d'enfants s'engagea dans l'avenue avec un grand bruit de ferraille et s'arrêta devant la porte. Les dames, avec de petits cris excités, se précipitèrent pour allumer les bougies. Les hommes allaient et venaient d'un air inquiet, ou formaient dans la salle des groupes anxieux et embarrassés.

Trinidad et Le Juge, portant les marques d'un voyage exténuant, firent leur entrée, conduisant entre eux deux un seul et unique petit garçon d'aspect plutôt démoniaque, qui se mit aussitôt à jeter des regards sombres et pessimistes sur le somptueux sapin.

– Où sont les autres enfants ? demanda la femme du contrôleur, souveraine incontestée de la vie mondaine du pays.

– Madame, dit Trinidad en soupirant, prospecter des mines de gosses le jour de Noël est une besogne aussi ingrate que d'chercher d'l'or dans d'la terre à betteraves. Y a là une chose que j'n'arrive pas à comprendre chez les parents. Paraît que les pères et les mères souhaitent 364 jours par an de voir leurs marmots kidnappés, noyés, empoisonnés ou dévorés par les loups ; mais le jour de Noël ils tiennent absolument à déguster en exclusivité la mortification de leur compagnie. Ce jeune bipède, madame, est la seule pépite que nous ayons pu récolter après deux jours de manœuvres.

– Oh ! le ravissant petit garçon ! roucoula Miss Erma, traînant sa robe de lady au milieu de la scène.

– Oh ! la ferme ! dit Bobby en la regardant vicieusement. Qui c'est l'môme ? Pas vous, en tout cas !

– Petit voyou ! murmura Miss Erma sous son sourire émaillé.

– On a fait c'qu'on a pu, dit Trinidad. C'est dur pour Cherokee, mais on n'y peut rien.

Alors la porte s'ouvrit, et Cherokee apparut, sous l'enveloppe conventionnelle de Saint Nicolas. De longs cheveux blancs lui tombaient presque sur les yeux, et une longue barbe blanche recouvrait sa figure et flottait majestueusement sur son ventre. Il portait un sac sur l'épaule.

Personne ne bougea. Les « Spangler Sisters » elles-mêmes interrompirent leurs minauderies et contemplèrent avec curiosité la haute silhouette qui venait d'apparaître. Bobby, les mains dans ses poches, regardait, d'un air maussade, le sapin puéril et efféminé. Cherokee posa son sac par terre et jeta des regards étonnés dans la salle. Peut-être s'imaginait-il qu'il y avait, dissimulée quelque part dans un coin, une volée de gosses impatients que l'on allait lâcher sur lui à l'improviste ?... Enfin il se décida à s'approcher de Bobby ; et lui tendit sa main gantée de rouge.

– Joyeux Noël, mon petit garçon, dit Cherokee. Y a-t-il quelque chose sur l'arbre qui te ferait plaisir ? Dis-le, et on te le donnera. Ne veux-tu pas serrer la main à Saint Nicolas ?

– Y a pas d'Saint Nicolas, fit le gamin d'une voix excédée. Vous vous êtes collé une fausse barbe de vieux bouc sur la figure. J'suis pas un môme. J'veux pas d'vos poupées et d'tous vos joujoux en fer-blanc. L'conducteur m'avait dit qu'y aurait une carabine, et y en a pas. J'veux rentrer chez nous.

Trinidad s'élança vaillamment sur la brèche. Il serra chaleureusement la main de Cherokee.

– J'suis navré, mon vieux, expliqua-t-il. Y a jamais eu un seul gosse à Yellowhammer. On a bien essayé d'en ramasser une poignée pour ta petite soirée, mais nous n'avons pu trouver que cette sardine. C'est un athée ; il ne croit pas à Saint Nicolas. Désolant, que toute cette camelote que t'as achetée soit perdue. Mais le Juge et moi on était persuadé qu'on réussirait à collectionner un plein chariot de marmots pour ton sketch.

– Y a pas d'mal, fit Cherokee gravement. Ne vous en faites pas pour la dépense, ça n'a aucune importance. Il n'y a qu'à fiche tout ça en l'air. Je ne sais pas à quoi je pensais ; je n'ai pas réfléchi un seul instant qu'il n'y avait pas de gosses à Yellowhammer.

Cependant, l'assistance faisait des efforts méritoires et désespérés pour essayer de muer ce fiasco en festival animé.

Bobby s'était retiré dans le fond de la salle, et, assis sur une chaise solitaire, contemplait la scène avec une mine lugubre. Cherokee, revenant malgré tout à son idée première, vint s'asseoir près de lui.

– Où habites-tu, mon petit ? demanda-t-il courtoisement.

– À Granite Junction, répondit Bobby du bout des lèvres.

Il faisait chaud dans la salle. Cherokee ôta successivement sa casquette, sa perruque et sa barbe.

– Tiens ! s'écria Bobby tout à coup avec curiosité, je r'connais votr'trombine !

– Tu m'as déjà vu quelque part ? demanda Cherokee.

– J'sais pas. Mais j'ai vu votre portrait des tas d'fois.

– Où ça ?

Le gosse hésita.

– À la maison, répondit-il, sur la ch'minée.

– Comment t'appelles-tu, mon enfant ?

– Robert Lumsden. La photo est à maman, elle la met sous l'oreiller tous les soirs. Et une fois je l'ai vue l'embrasser. Moi, j'ai pas voulu. Mais les femmes sont comme ça.

Cherokee se leva et fit signe à Trinidad.

– Garde-moi ce gosse jusqu'à ce que je revienne, dit-il. J'vais quitter ces oripeaux et atteler mon traîneau ; et j'vais ramener ce gosse chez lui.

– Eh bien, infidèle ! dit Trinidad en s'asseyant à côté de Bobby, alors on est trop blasé et suranné pour avoir envie de joujoux et de bonbons, hein ?

– Fichez-moi la paix, dit Bobby avec acrimonie. Vous m'aviez dit qu'il y aurait une carabine. J'aime pas les menteurs. Et on peut même pas fumer ! J'veux m'en aller.

Cherokee arrêta son traîneau devant la porte, et on y fit monter Bobby. Les deux magnifiques trotteurs s'élancèrent sur la neige durcie. Cherokee avait mis sa pelisse de 500 dollars en peau de jeune phoque. Et sur leurs genoux il avait étendu une couverture aussi douce que du velours.

Bobby extirpa subrepticement une cigarette de sa poche et essaya de craquer une allumette.

– Jette cette cigarette, fit Cherokee d'une voix calme, mais inflexible.

Bobby hésita, puis obéit silencieusement.

– Jette le paquet aussi, ordonna l'homme du même ton autoritaire.

– Dites, fit Bobby après avoir obtempéré, j'sais pas pourquoi, mais vous m'plaisez. C'est la première fois qu'quelqu'un m'fait faire une chose qui m'embête.

– Es-tu bien sûr, demanda Cherokee d'une voix plus douce, que tu as vu ta mère embrasser cette photo qui me ressemble ?

– J'pense bien ! Et pas qu'une fois encore !

– Est-ce que tu n'as pas parlé d'une carabine tout à l'heure ? Tu en veux une ?

– J'vous crois. Vous allez m'l'acheter ?

– Demain. Une belle, incrustée d'argent.

Cherokee regarda sa montre.

– Neuf heures et demie. Nous allons arriver à Granite Junction juste à temps pour fêter Noël. Tu n'as pas froid ? Serre-toi bien contre moi, mon fils.

Extrait des *Contes du Far-West.*
Traduit de l'anglais par Daniel Boussac.

GUILLAUME APOLLINAIRE

Les sapins

Les sapins en bonnets pointus
De longues robes revêtus
    Comme des astrologues
Saluent leurs frères abattus
Les bateaux qui sur le Rhin voguent

Dans les sept arts endoctrinés
Par les vieux sapins leurs aînés
    Qui sont de grands poètes
Ils se savent prédestinés
À briller plus que des planètes

À briller doucement changés
En étoiles et enneigés
    Aux Noëls bienheureuses
Fêtes des sapins ensongés
Aux longues branches langoureuses

Les sapins beaux musiciens
Chantent des noëls anciens
    Au vent des soirs d'automne
Ou bien graves magiciens
Incantent le ciel quand il tonne

Des rangées de blancs chérubins
Remplacent l'hiver les sapins
    Et balancent leurs ailes
L'été ce sont de grands rabbins
Ou bien de vieilles demoiselles

Sapins médecins divagants
Ils vont offrant leurs bons onguents
    Quand la montagne accouche
De temps en temps sous l'ouragan
Un vieux sapin geint et se couche

Extrait d'*Alcools.*

Anonyme

Ô nuit, heureuse nuit !

Ô nuit, heureuse nuit de Jésus inspirée,
Qui redore le ciel d'angélique clarté,
T'avons-nous aujourd'hui tant de fois désirée
Pour être ainsi gelante à sa Nativité ?

Les anges sont venus pendant cette nuitée
Aux pasteurs qui gardaient leurs brebis et agneaux,
Cette Nativité leur ont manifestée,
Chantant, apparaissant comme de clairs flambeaux.

En leur disant ainsi : laissez cette prairie
Et vous en allez voir le Sauveur qui est né
Et Bethléem sans doute ; et Joseph et Marie
Se trouvèrent ainsi comme il est ordonné.

Les pasteurs, ébahis d'ouïr cette nouvelle,
Ont laissé par les champs leurs brebis pâturer,
Et s'en sont allés voir la Nativité belle
Comme l'avait dit l'ange et sans plus demeurer.

Ils ont trouvé l'Enfant dans l'étable rompue
Entre l'âne et le bœuf couché très pauvrement,
Un chacun d'eux alors, ayant la tête nue,
L'a révéré selon son propre entendement.

Marie, le voyant endurer tant de peine,
Pleurait, ne le pouvant traiter comme Seigneur,
Et les deux animaux poussant de leur haleine
En l'échauffant lui ont même porté bonheur.

Un peu après survint trois rois de terre étrange,
Du côté d'Orient venus pour l'adorer,
Chacun d'eux pour lui rendre hommage avec louange
S'est jeté à genoux pour le mieux révérer.

L'un lui donna de l'or et l'autre de la myrrhe,
Le tiers lui présenta un vase plein d'encens,
Chacun l'a reconnu pour son Dieu et son Sire,
Puis s'en sont retournés, ayant fait leurs présents.

Étant divinement avertis la nuitée
De ne pas retourner à Hérode parler,
Leur chemin ont repris par une autre contrée,
Rendant louange à Dieu de voir tout bien aller.

Extrait de *La Grande Bible des Noëls tant anciens que nouveaux, de Tours,* 1595.

Francis Scott Fitzgerald

Pat Hobby fait un vœu de Noël

I

C'était la veille de Noël au studio. Avant que onze heures du matin aient sonné, le Père Noël avait pu rendre visite à tout le monde et donner à chacun selon ses mérites.

Des cadeaux somptueux – de producteur à vedette, d'agent à producteur – arrivaient sans cesse aux bureaux et dans les bungalows du studio. Sur chaque scène, sur chaque plateau, on entendait le bruit produit par les cadeaux, achetés dans un magasin de farces et attrapes, que se faisaient réciproquement les metteurs en scène et les acteurs. Du bureau de la publicité, les caisses de champagne s'en allaient se faire vider chez les journalistes. Et des gratifications – par billets de cinquante, dix et cinq dollars – distribuées par les producteurs, les metteurs en scène et les auteurs de scénarios tombaient comme la manne du ciel sur les malheureux en faux col.

Mais ces transactions comportaient quelques exceptions notables. Pat Hobby, par exemple, qui avait trente ans d'expérience à ce petit jeu, avait eu la bonne idée de se débarrasser dès la veille de sa secrétaire. On devait lui en envoyer une nouvelle incessamment – mais elle ne s'attendrait sans doute pas à recevoir un cadeau le jour même de son entrée en fonctions…

En l'attendant, Pat Hobby arpentait le grand couloir, jetant en passant un coup d'œil dans les bureaux pour y détecter quelque signe de vie. Il s'arrêta pour bavarder avec Joe Hopper, attaché à la direction des scénarios.

– Les temps ont bien changé, dit-il d'un ton lugubre. Avant, il y avait une bouteille sur chaque bureau.

– Il y en a quelques-unes tout de même.

– Autant dire une goutte d'eau dans la mer, dit Pat en soupirant.

– Et avant, on faisait à chaque fois un petit film avec des bouts ramassés dans les bureaux de montage !

– On m'a raconté ça. Avec tous les morceaux interdits, hein ? dit Hopper.

Pat fit oui de la tête, les yeux brillants.

– Je peux vous dire que ça ne manquait pas de saveur ! On en sortait avec un vrai mal de cœur tellement on avait ri !

Il s'interrompit en voyant une femme, un bloc-notes à la main, pénétrer dans son bureau au fond du couloir. Il était rappelé à la triste réalité.

– Gooddorf me fait travailler pendant les vacances ! dit-il d'un ton amer.

– Moi, je refuserais sans hésiter.

– J'aurais bien eu envie de refuser, mais mon dernier mois expire vendredi, et si je le laissais tomber, il ne prolongerait pas mon contrat.

En le regardant s'éloigner, Hopper pensa que Pat, de toute façon, ne resterait pas. On l'avait engagé pour écrire le scénario d'un western à l'ancienne mode, et les types qui travaillaient après lui sur son texte avaient dit partout que « ça faisait vieillot » et qu'une partie du script n'avait ni queue ni tête.

– Je suis miss Kagle, dit la nouvelle secrétaire de Pat.

Elle avait dans les trente-six ans. Pas laide du tout, mais fanée, fatiguée et efficace. Elle alla se planter devant la machine à écrire, l'examina, s'assit et éclata en sanglots.

Pat sursauta. L'impassibilité – de la part du petit personnel du moins – était de règle dans la maison. N'était-ce pas déjà insupportable de travailler la veille de Noël ? Évidemment, ça valait mieux que de ne pas travailler du tout. Il alla fermer la porte, car il n'eût pas aimé qu'on le soupçonnât d'avoir insulté sa secrétaire.

– Remettez-vous, dit-il, c'est la veille de Noël.

Le plus gros de son émotion envolé, la fille se redressa sur sa chaise, paraissant respirer avec difficulté. Elle s'essuya les yeux.

– Les apparences sont toujours plus mauvaises que la réalité, dit-il sans conviction. Qu'est-ce qui vous arrive ? On veut vous mettre à la porte ?

Elle secoua la tête, renifla puissamment pour arrêter ses reniflements, et ouvrit son bloc.

– Pour qui travailliez-vous jusqu'ici ?

Elle répondit entre ses dents, d'une voix changée :

– M. Harry Gooddorf.

Les yeux de Pat, toujours injectés de sang, s'agrandirent. Il se souvint brusquement qu'il l'avait en effet aperçue dans la pièce attenante au bureau de Harry.

– Depuis 1921. Ça fait dix-huit ans. Et hier, il m'a renvoyée au pool dactylographique. Il m'a dit que je l'attristais. Je lui ai rappelé qu'il prenait de la bouteille lui aussi... (Elle avait pris un air très amer.) Il y a dix-huit ans, au bout de quelques heures en ma compagnie, je vous assure qu'il ne me parlait pas comme ça !

Pat sentit l'indignation monter en lui.

– Rupture de promesse ? Vous avez mal choisi votre terrain d'attaque.

– Oh, mais j'avais un argument sans réplique. Un argument bien plus fort qu'une rupture de promesse ! Et je l'ai toujours. Mais à cette époque, voyez-vous, je me croyais amoureuse de lui. (Elle resta un instant songeuse.) Avez-vous quelque chose à me dicter tout de suite ?

Pat se rappela son travail et ouvrit un manuscrit :

– C'est un ajout, dit-il. Scène 114 A.

Il se mit à arpenter son bureau.

– Extérieurs. Long travelling sur les plaines, annonça-t-il. Buck et des Mexicains approchant de l'hacienda.

– De quoi ?

– De l'hacienda, du ranch si vous voulez. (Il la regarda d'un air de reproche.) 114 B. Séquence deux : Buck et Pedre. Buck : « Le salaud ! Je vais l'étriper ! »

Miss Kagle leva les yeux, surprise.

– Vous voulez que j'écrive ça ?

– Bien sûr.

– Ça ne passera pas.

– C'est moi qui écris et qui dicte ! Bien sûr que ça ne passera pas. Mais si je disais « espèce de rat », ma scène n'aurait plus aucune force.

– Mais ne croyez-vous pas que quelqu'un devra ajouter après vous « espèce de rat » ?

Il la regarda d'un air furieux. Il n'avait pas envie de changer de secrétaire tous les jours.

– Harry Gooddorf s'occupera de ça. Moi, ça ne me concerne pas.

– Vous travaillez pour M. Gooddorf ? demanda miss Kagle, inquiète.

– Jusqu'à ce qu'il me mette à la porte.

– Je n'aurais pas dû vous dire…

– Ne vous en faites pas, dit-il. Ce n'est plus mon copain. Pas quand il me donne trois cent cinquante dollars par semaine après m'en avoir donné deux mille !… Où en étais-je ?

Il se remit à arpenter la pièce, répétant avec satisfaction sa dernière réplique. Maintenant, elle lui semblait s'appliquer non plus à un personnage imaginaire, mais à Harry Gooddorf lui-même. Il s'arrêta brusquement, perdu dans ses pensées.

– Dites-moi, qu'est-ce que vous savez exactement sur lui ? Vous connaissez l'endroit où il a enterré le cadavre ?

– Ce que vous dites est trop vrai pour être drôle.

– Il a descendu quelqu'un ?

– Monsieur Hobby, je regrette d'avoir commencé à parler.

– Appelez-moi Pat. Quel est votre prénom ?

– Helen.

– Mariée ?

– Pas pour le moment.

– Alors, écoutez-moi, Helen. Qu'est-ce que vous diriez d'un petit dîner avec moi ?

II

L'après-midi de Noël, il essayait toujours de lui arracher son secret. Ils étaient presque seuls dans le studio, où ne restaient plus que quelques techniciens dans les allées extérieures et au magasin. Ils s'étaient fait un cadeau de Noël. Pat lui avait donné un billet de cinq dollars. Helen lui avait apporté un mouchoir de lin blanc. Il se rappelait avec précision du jour où plusieurs douzaines de mouchoirs semblables à celui-ci avaient été sa moisson de Noël.

Le script avançait avec une lenteur désespérante, mais leur amitié faisait des pas de géant.

Son secret, se disait Pat, était un atout capital, et il se demandait combien de carrières s'étaient faites ou défaites sur un secret identique. Bien des gens, il en était sûr, étaient arrivés comme cela à la fortune. Ma foi, c'était presque équivalent à une relation de parenté directe, et il imaginait une conversation avec Harry Gooddorf :

– Harry, c'est comme ça. Je pense qu'on utilise très mal mon expérience ici. Ce sont les jeunes lions qui devraient écrire les textes et moi qui devrais les superviser.

– Sinon... ?

Je parle, disait Pat avec fermeté.

Il était plongé dans son rêve lorsque Harry Gooddorf en personne entra par surprise dans le bureau :

– Joyeux Noël, Pat, dit-il d'un ton jovial. (Son sourire se rétrécit imperceptiblement lorsqu'il aperçut Helen.) Oh, bonjour, Helen. Je ne savais pas que Pat et vous vous étiez associés. Je vous avais envoyé un petit souvenir au pool.

– Vous n'auriez pas dû faire ça.

Harry se tourna brusquement vers Pat.

– Le patron est sur mon dos, dit-il. Il me faut un script terminé pour mardi.

– Bon, comme ça je suis fixé, dit Pat. Vous l'aurez. M'est-il déjà arrivé d'avoir du retard ?

– D'habitude, dit Harry, d'habitude...

Il allait ajouter quelque chose lorsqu'un coursier entra, une enveloppe à la main et la tendit à Helen. Harry sortit précipitamment.

– Il a eu raison de s'en aller, dit Helen impétueusement, après avoir ouvert l'enveloppe. Dix dollars – *dix* misérables dollars, de la part d'un patron à une employée qui a dix-huit ans de service !

Pat entrevit aussitôt sa chance. Il s'assit sur le bureau de Helen et lui exposa son plan :

– C'est la certitude d'un bon boulot pour vous et moi, dit-il. Vous seriez à la tête d'un département de scénarios et moi producteur associé ! Nous serions pour la vie sur le bon bateau ! Plus besoin d'écrire, plus besoin de taper à la machine ! Nous pourrions même… nous pourrions même, si les choses allaient bien… nous marier.

Elle hésita longtemps. Lorsqu'il la vit engager une feuille blanche dans sa machine, Pat crut qu'il avait perdu.

– Je peux l'écrire de mémoire, dit-elle. C'est une lettre qu'il a tapée *lui-même* le 3 février 1921. Il l'avait cachetée et me l'avait donnée pour la mettre au courrier, mais, comme il était visiblement intéressé par une jolie blonde, je m'étais inquiétée qu'il fasse tant de mystères autour d'une lettre.

Tout en parlant, Helen n'avait pas cessé de taper sur sa machine. Elle tendit la feuille à Pat.

À Will Bronson
First National Studios
Personnelle

Mon cher Bill,

Nous avons tué Taylor. Nous aurions dû lui tomber dessus plus tôt. Alors pourquoi ne pas la boucler ?

Bien à vous,

HARRY.

Pat contempla fixement la lettre, ébahi.

– Vous avez compris ? dit Helen. Le 1er février 1921, quelqu'un a descendu William Desmond Taylor, le metteur en scène. On n'a jamais découvert le meurtrier.

III

Elle avait conservé l'original dix-huit ans avec son enveloppe. Elle avait envoyé une copie à Bronson en imitant la signature de Harry Gooddorf.

– Mon petit, notre affaire est faite ! dit Pat. J'avais toujours pensé que c'était *une fille* qui avait descendu Taylor.

Il était tellement heureux qu'il ouvrit un tiroir et en sortit une demi-bouteille de whisky. Après réflexion, il dit :

– Est-elle en lieu sûr ?

– Certainement ! Il ne devinerait jamais où !

– Mon petit, nous le tenons !

Des liasses de dollars, des voitures, des piscines défilèrent en un montage insensé devant les yeux de Pat.

Il plia la feuille, la mit dans sa poche, avala un second verre et attrapa son chapeau.

– Vous allez le voir maintenant ? dit Helen d'un ton inquiet. Non, attendez donc que j'aie eu le temps de me mettre à l'abri. Je n'ai pas envie de me faire descendre !

– Ne vous en faites pas. Écoutez-moi bien ; je vous retrouverai à « The Muncherie » dans une heure. Au coin de la 5e Rue et de la rue La Brea.

En se dirigeant vers le bureau de Gooddorf, il décida de ne mentionner aucun fait ni aucun nom dans l'enceinte du studio. Pendant la brève période où il avait dirigé un département de scénarios, Pat avait eu l'idée de cacher un dictaphone dans le bureau de tous les auteurs. Ainsi il aurait été facile de vérifier plusieurs fois par jour s'ils étaient fidèles aux patrons du studio.

On avait ri de son idée. Mais plus tard, lorsqu'il avait dû redevenir auteur, il s'était souvent demandé si son plan n'avait pas été secrètement exécuté. Peut-être même une remarque indiscrète qu'il aurait faite par mégarde était-elle responsable du rang secondaire auquel on l'avait relégué depuis une dizaine d'années. Il pénétra donc dans le bureau de Gooddorf en pensant aux dictaphones, à des dictaphones qu'on pouvait manœuvrer d'une simple pression du pied.

– Harry, dit-il en choisissant soigneusement ses mots, vous souvenez-vous de la nuit du 1er février 1921 ?

Quelque peu surpris, Gooddorf se pencha en arrière sur sa chaise tournante.

– Quoi ?

– Réfléchissez bien. C'est une chose qui compte énormément pour vous.

L'expression de Pat, en observant son ami, était celle d'un entrepreneur de pompes funèbres qui attend la mort d'un client.

– Le 1er février 1921, dit lentement Gooddorf. Non. Comment pourrais-je m'en souvenir ? Vous croyez que je tiens un journal intime ? Je ne sais même plus où j'étais à cette époque.

– Vous étiez ici même, à Hollywood.

– Sans doute. Si vous savez quelque chose, dites-le donc.

– Ça va vous revenir, cherchez donc un peu !

– Voyons... Je suis venu ici en 1916. Je suis resté chez Biograph jusqu'en 1920. Est-ce que je faisais des comédies... ? Oui, c'est ça. J'écrivais un machin qui s'appelait *Knuckleduster* – on tournait les extérieurs.

– Vous n'étiez pas toujours en extérieurs. Le 1er février, vous étiez ici, en ville.

– Mais qu'est-ce qui vous prend ? dit Harry. C'est un interrogatoire en règle, ou quoi ?

– Non, je détiens des renseignements sur vos activités cette nuit-là !

Le visage de Gooddorf devint cramoisi. Il sembla sur le point de jeter Pat dehors, puis, soudain, il respira un bon coup, se passa la langue sur les lèvres et regarda fixement son bureau.

– Je vois, dit-il au bout d'une interminable minute. Mais je ne vois pas en quoi cela peut vous concerner.

– Cela concerne n'importe quel homme honnête.

– Et depuis quand êtes-vous honnête ?

– Je l'ai toujours été, dit Pat. Et même si ce n'était pas le cas, moi je n'ai jamais fait une chose pareille !

– Avec ça ! dit Harry d'un ton méprisant. Vous viendriez ici faire le malin sur un sujet pareil ? Pat Hobby le Bienheureux ? Et puis, quelles preuves avez-vous ? À vous entendre, on croirait que vous avez en main des aveux signés ! Ces choses-là sont oubliées depuis bien longtemps !

– Pas par les hommes honnêtes, dit Pat. Et des aveux signés, eh bien, j'en ai !

– J'en doute fort. Et je doute encore plus qu'ils puissent avoir la moindre valeur devant la justice. On vous a roulé !

– Je les ai vus, dit Pat, avec une assurance croissante. De mes propres yeux. Il y a de quoi vous envoyer à la potence.

– Je vous jure que s'il y a la moindre publicité autour de cette histoire, je vous jetterai hors de Hollywood.

– Vous y êtes décidé de toute façon.

– Je ne tiens pas à la moindre publicité.

– Dans ce cas, vous n'avez qu'à me suivre. Sans parler à qui que ce soit.

– Où allons nous ?

– Je connais un bar où nous serons tranquilles pour bavarder.

Le « Muncherie » était en effet désert. Il n'y avait, outre le barman, que Helen Kagle, assise à une table, terriblement nerveuse. En la voyant, Gooddorf prit un air de profond reproche.

– C'est vraiment un beau Noël, dit-il, quand je pense que ma famille m'attend chez moi depuis une heure. Je voudrais bien savoir ce que vous me voulez. Il paraît que vous avez un papier signé de moi.

Pat sortit la feuille de sa poche et lut la date à haute voix. Puis il leva les yeux très vite :

– Je vous préviens que c'est seulement une copie. Alors inutile d'essayer de la déchirer.

Il connaissait à fond la technique de ce genre de scènes. Lorsque la vogue du western s'était ralentie, il avait transpiré plus d'une fois sur des affaires criminelles.

« À William Bronson. Mon cher Bill : nous avons tué Taylor. Nous aurions dû lui tomber dessus plus tôt. Alors pourquoi ne pas la boucler ? Harry. »

Pat s'interrompit.

– Vous avez écrit ça le 3 février 1921.

Silence. Gooddorf se tourna vers Helen Kagle :

– Est-ce vous qui avez fait ça ? Vous ai-je dicté cette lettre ?

– Non, reconnut-elle d'une voix terrifiée. Vous l'avez écrite vous-même. Je l'ai ouverte.

– Je vois. Alors, qu'est-ce que vous voulez de moi ?

– Beaucoup de choses, dit Pat qui se sentit satisfait par le son de sa propre voix.

– Mais quoi exactement ?

Pat se lança dans la description d'une carrière souhaitable pour un homme de quarante-neuf ans. Une carrière extraordinaire. Elle devint de plus en plus brillante à mesure qu'il avalait trois grands verres de whisky. Mais il répéta plusieurs fois la même exigence.

Il voulait être nommé producteur le lendemain.

– Mais pourquoi demain ? dit Gooddorf. Ça ne peut pas attendre ?

Des larmes – de vraies larmes – apparurent dans les yeux de Pat.

– C'est Noël, dit-il. Et ça, c'est mon vœu de Noël. J'ai eu la vie assez dure. J'ai attendu si longtemps.

Gooddorf se leva brusquement.

– Il n'est absolument pas question de çà, dit-il. Je ne vous nommerai pas producteur. Je ne pourrais jamais faire ça à la Compagnie. Je préférerais encore passer en justice.

La bouche de Pat s'ouvrit et parut littéralement tomber.

– Comment ? Vous refusez ?

– Absolument. J'aime mieux la chaise électrique.

Il leur tourna le dos, le visage contracté, et se dirigea vers la porte.

– Comme vous voudrez ! cria Pat. C'est votre dernière chance !

Brusquement, il vit Helen Kagle se lever d'un bond et courir après Gooddorf, qu'elle essaya de prendre dans ses bras.

– Ne vous en faites pas ! cria-t-elle, je vais déchirer la lettre, Harry ! C'était une plaisanterie, Harry...

Sa voix s'interrompit brusquement. Elle venait de voir que Gooddorf riait aux éclats.

– Qu'est-ce qu'il y a de drôle ? demanda-t-elle, de nouveau furieuse. Vous croyez donc que je ne l'ai pas ?

– Non, non, pas du tout... Je... Je sais bien que vous l'avez, dit Gooddorf, plié en deux par le rire. Vous l'avez, mais cette lettre n'est pas du tout ce que vous pensez !...

Il revint vers la table, s'assit et dit à Pat :

– Savez-vous ce que j'avais cru quand vous m'avez parlé de cette date ? J'ai pensé que c'était sans doute le jour où Helen et moi étions tombés amoureux l'un de l'autre. Voilà ce que j'ai cru ! Et je pensais qu'elle allait faire un drame pour ça. Je me suis dit qu'elle était complètement folle. Elle a été mariée deux fois depuis, et moi aussi.

– Ça n'explique toujours pas cette lettre, dit Pat, d'un ton sévère, mais se sentant déjà perdu. Vous reconnaissez avoir tué Taylor ?

Gooddorf fit oui de la tête.

– Je continue à penser que nombre d'entre nous l'ont tué, dit-il. Nous formions un fameux groupe, Taylor, Bronson et tous nos copains aux poches pleines ! Alors quelques-uns d'entre nous se sont mis d'accord pour ralentir un peu le rythme. Le pays attendait que quelqu'un fasse la culbute. Nous avons essayé de décider Taylor à faire attention à lui, mais il n'a pas voulu nous écouter. Alors, au lieu de lui tomber dessus pour le punir, nous l'avons laissé « marcher à son allure ». Et un salaud l'a descendu. Qui, je ne l'ai jamais su…

Il se leva.

– De même que quelqu'un aurait pu vous tomber dessus à vous aussi, Pat. Mais vous étiez un garçon très drôle à cette époque. Et puis, nous étions tous bien trop occupés.

Pat renifla soudain.

– On ne s'est pas privé de me tomber dessus, dit-il. Vraiment pas.

– Oui, mais c'était déjà trop tard, dit Gooddorf, qui ajouta : Vous avez sûrement déjà fait un autre vœu de Noël à l'heure qu'il est. Je vous l'exaucerai. Je ne dirai pas un mot à quiconque de ce qui vient de se passer.

Lorsqu'il fut parti, Pat et Helen restèrent assis sans rien dire.

Bientôt, Pat prit la feuille et la relut.

« Alors, pourquoi ne pas la boucler ? » lut-il à voix haute. Ça, il ne l'a pas expliqué.

– Pourquoi ne pas la boucler ? dit Helen.

Extrait des *Histoires de Pat Hobby*.
Traduit de l'anglais par Bernard Willerval.

NOTICES SUR LES AUTEURS

Hans Christian Andersen (1805-1875). Auteur de *Contes* universellement connus publiés en 1835, ce Danois issu d'un milieu populaire écrivait des contes de fées pour les grandes personnes, même si ce sont les enfants qui sont aujourd'hui les plus fervents lecteurs de « La petite sirène » et du « Petit soldat de plomb ».

Guillaume Apollinaire (1880-1918). Cet ami de toutes les avant-gardes eut la révélation de sa vocation poétique au contact de la culture germanique. De retour à Paris en 1902 après un long périple outre-Rhin, il se fixa avec des écrivains (Alfred Jarry, Max Jacob), des peintres (Picasso, Vlaminck), et fit paraître divers romans et contes fantaisistes et érotiques. Il publia *Le Bestiaire ou le cortège d'Orphée* (1911) et rassembla quelques-uns de ses poèmes dans *Alcools* (1913) avant de partir pour le Front en 1914. Grièvement blessé à la tempe, il fut affecté à l'arrière et publia *Le Poète assassiné* (1916). Il mourut en 1918 des suites de la grippe espagnole.

Antoine Blondin (1922-1991). Ce Rimbaud des bistrots a laissé une poignée de romans irremplaçables (*L'Europe buissonnière, Un singe en hiver, L'Humeur vagabonde*) où l'on apprend des choses très secrètes : un art de l'absence, une technique du vagabondage, une méthode de l'éclipse. Blondin ne pouvait pas négliger de célébrer cette fête de l'éternelle jeunesse qu'est Noël.

Léon Bloy (1846-1917). Pamphlétaire, romancier et prophète, cet « entrepreneur de démolitions » n'a jamais cessé de choquer par une violence qui n'était cependant que le reflet de l'intensité du drame spirituel qu'il vivait et dont rendent compte une série de livres admirables (*La Femme pauvre, Le Désespéré*) et plus encore son terrible journal dont la publication commença en 1898 avec le volume intitulé *Le Mendiant ingrat.*

Jacques Bénigne Bossuet (1627-1704). « Je réserve au troupeau que je dois nourrir de la parole de vie les restes d'une voix qui tombe et d'une ardeur qui s'éteint ! » L'exclamation finale de l'oraison funèbre du prince de Condé, prononcée à Notre-Dame de Paris le 10 mars 1687, laissa supposer que l'heure de la retraite était venue pour Monsieur de Meaux. C'était compter sans sa redoutable énergie de prêtre, d'évêque et de théologien. Les années qui suivirent furent celles de sa correspondance avec Leibniz sur la réunification des Églises et celle de son combat contre le quiétisme. C'est de cette époque que date le *Sermon de Noël* que nous avons retenu.

Blaise Cendrars (1887-1961). Ce Français d'origine suisse gagna l'estime de ses contemporains Apollinaire, Max Jacob et Arthur Cravan dès la publication de ses premiers poèmes. Engagé volontaire dans le 5e bataillon de Marche de la Légion Étrangère au cours de la première guerre mondiale, combattant valeureux, il revint du conflit avec un bras en moins, qu'il raconta dans le célèbre *La Main coupée* et que suivirent de très nombreux textes, récits, romans, et recueils en vers.

Pierre Corneille (1606-1684). Tant qu'il y aura des petits Français pour réciter « Percé jusques au fond du cœur, / D'une atteinte imprévue aussi bien que mortelle… » et de bons maîtres pour leur parler de Corneille, poète magnifique, auteur de chefs-d'œuvre d'inspiration héroïque et baroque (*La Place royale, L'Illusion comique, Le Cid*), le secret de notre langue ne sera pas perdu.

Alphonse Daudet (1840-1897). Dans la seconde moitié du XIXe siècle, *Les Lettres de mon moulin* (1866), *Le Petit chose* (1868) et les différentes aventures de *Tartarin* (1872-1890) firent la popularité de la Provence à Paris. Mais Daudet, c'est beaucoup plus que Daudet, et il faut redécouvrir la finesse d'observation et la richesse d'inspiration de l'auteur du *Nabab* (1877).

Nicolas Denisot (1515-1559). Venu au monde l'année de la victoire de François Ier sur les Suisses à Marignan, il fait partie de ces écrivains qu'on ne lirait plus sans de précieux florilèges comme l'*Anthologie de la poésie religieuse française* de Dominique Aury où l'on peut trouver « D'où vient qu'en cette nuitée... »

Charles Dickens (1812-1870). Il existe une magie de Noël. Avec ceux de Christian Andersen et d'Alphonse Daudet, les contes de Charles Dickens y contribuent activement. Les lecteurs des pages sombres de *David Copperfield* (1850) et du chef d'œuvre que sont *Les Grandes Espérances* (1861) ne peuvent en effet pas oublier les évocations lumineuses que Dickens réserva à la nuit de Noël dans ses célèbres *Contes* et également dans ses chroniques journalistiques.

Joachim Du Bellay (1522-1560). Tous les écoliers de France ont envié Ulysse avec lui et entrevu au rythme des *Regrets* le Loir gaulois, le petit Liré et la douceur angevine. L'auteur de la *Défense et Illustration de la Langue française* est demeuré un joyaux de notre poésie nationale, frais et virginal comme l'Enfant de la Crèche.

Frédéric H. Fajardie (né en 1947). C'est dans la dispersion des dernières manifestations maoïstes que s'est affirmé le romantisme noir de ce chef de file du néo-polar qui réconcilia la culture gauchiste avec la littérature française de grand style. Passionné d'histoire, auteur d'une poignée de romans cultes (*Tueurs de flics, La Nuit des chats bottés, Un homme en harmonie*), Fajardie est aussi un spécialiste de la nouvelle. Il en a publié plusieurs centaines, peuplées de personnages amoureux, violents et rêveurs qui n'ont pas renoncé à changer la vie et à prendre leurs désirs pour des réalités.

Francis Scott Fitzgerald (1896-1940). Aîné de la volée d'écrivains américains (Faulkner, Hemingway, Steinbeck, Caldwell) que Gertrude Stein baptisa la «génération perdue», il connut très tôt la gloire avec *L'envers du Paradis* et *Gatsby le magnifique.* Ainsi naquit une légende, parachevée par une mort précoce qui fit dire à Michel Mohrt : « Scott Fitzgerald est mort à l'âge où meurent ses personnages, et il est de tous le plus attachant. »

Théophile Gautier (1811-1872) Après s'être fait remarquer par sa véhémence lors de la bataille d'*Hernani* en 1830, ce « parfait magicien des lettres françaises » (Baudelaire) sut prendre quelque distance avec l'ombre écrasante de Victor Hugo. Ironiques, fantastiques, ses premiers contes témoignent d'une pure recherche du beau qui aboutira au mot d'ordre de l'art pour l'art. On redécouvrira le travail du poète sur le rythme de la phrase en lisant « Noël ».

Ernest Hello (1828-1885). Mystique à la piété inspirée par les ombres errantes de sa Bretagne natale, « démantibulé sublime » (Barbey d'Aurevilly), Hello n'était pas homme à prendre le *Sermon sur la Montagne* pour un manifeste conservateur. Égarée dans « la désolante caillasse du christianisme contemporain » (Bloy), il fit entendre une voix rugueuse et inspirée dont témoignent des livres comme *L'Homme* (1872) et *Physionomie des saints* (1875).

José-Maria de Heredia (1842-1905). Né à Santiago de Cuba, ce poète élégant et raffiné vécut en France où il se lia avec Sully Prudhomme et Catulle Mendès. Membre de l'école parnassienne, il fut une manière de lieutenant pour Leconte de Lisle qui admirait la manière dont sonnaient ses vers et leur impeccable facture métrique.

E.T.A. Hoffmann (1776-1822). L'énigme de Hoffmann, écrivain et compositeur de la génération de Hegel et Hölderlin, c'est celle du prénom que cachent ses initiales : Ernst, Théodor, Amadeus. De son œuvre littéraire, on retiendra des livrets d'opéras, des critiques musicales et les célèbres *Contes.*

Selma Lagerlöf (1858-1940). Les Suédois ont eu leur Christian Andersen ; c'était une femme, elle s'appelait Selma Lagerlöf, elle reçut le prix Nobel de littérature en 1909, trois ans après la parution du *Voyage de Nils Holgersson,* qui demeure son plus célèbre livre.

Clément Marot (1496-1544). Lire Marot, c'est faire un long voyage, revenir à la cour de François Ier, le roi chevalier, à celle de la Reine Margot, goûter les infinis délices du printemps de la langue. Prince du décasyllabe, humaniste et chrétien, Marot est, après Villon et avant Ronsard, un saint patron des poètes de langue française.

Guy de Maupassant (1850-1893). Ce conteur retint les leçons de Flaubert-le-patron et les utilisa à sa manière dans le cadre de récits sobres et comiques. Amateur du haschich, de bains de mer et de canotage torse nu, il composa plus de deux cent soixante nouvelles où l'adjectif est rare, la ligne claire et les cœurs sombres.

Marie Noël (1883-1967). Certains écrivains sont prédestinés par leur nom. Marie Rouget, qui vécut « recluse en poésie et en contemplation » en Bourgogne, l'était à célébrer la Nativité par le pseudonyme qu'elle avait adopté. Cette continuatrice d'une poésie simple, franche et fervente dont Rutebeuf fut le fondateur, laissa aussi des textes en prose, comme « Le Noël du chameau ».

O. Henry (1862-1910). On lit trop peu O. Henry, de son vrai nom William Sydney Porter, dont le « O », qui n'a rien d'irlandais, fut emprunté au prénom d'un de ses geôliers d'une prison de l'Ohio où avait été enfermé pour détournement de fonds. Auteur de six cents nouvelles notamment inspirées par son errance dans le *Deep South*, c'est un écrivain drôle et précis. « Cet Américain possède une âme, nota Antoine Blondin. (...) Les aventures y cherchent un dénouement qui aurait les couleurs d'un Noël proposé par Dickens. »

Anton Tchekhov (1860-1904). C'est au cours de ses études de médecine que ce petit-fils de serf commença à publier des récits qui révélèrent un des talents les plus imposants de la littérature russe du XIXe siècle. Grand voyageur, homme de convictions, dramaturge majeur, il est également l'auteur de très nombreuses nouvelles comme le texte intitulé « À Noël » que nous avons retenu.

Michel Tournier (né en 1924). De son œuvre exigeante et précise, il faut retenir une écriture sèche et efficace, un goût rare de la provocation, quelques maîtres romans (*Vendredi ou les Limbes du Pacifique, Le roi des Aulnes*) des contes et nouvelles d'inspiration variée, comme « La Mère Noël », un récit profondément original.

Paul Verlaine (1844-1896). Délicat docteur des allitérations, subtil spécialiste des assonances, assassin suave de la césure, maître Paul a transformé dans une série de recueils majeurs (*Les Fêtes galantes, Romances sans paroles, Liturgies intimes*) ses conflits intérieurs en paysages choisis de Watteau où erre pour l'éternité sa silhouette incongrue et magnifique de Silène crispé.

Nous remercions les éditeurs et ayants droit qui nous ont autorisés à reproduire les textes des auteurs suivants :

Hans Christian Andersen, *Contes*. Traduit du danois par Régis Boyer. © Gallimard.

Antoine Blondin, *Quat'Saisons*. © La Table ronde.

Blaise Cendrars, *Trop, c'est trop*. © Denoël.

Frédéric H. Fajardie, *Perdre la pause*. © La Table ronde.

Francis Scott Fitzgerald, *Histoires de Pat Hobby*. Traduit de l'anglais par Bernard Willerval. © Robert-Laffont.

Selma Lagerlöf, *Le Livre de Noël*. Traduit du suédois par Marc de Gouvenain et Lena Grumbach. © Actes Sud.

Marie Noël, *Contes*. © Stock.

O. Henry, *Contes du Far-West*. Traduit de l'anglais par Daniel Boussac. © Stock.

Anton Tchékhov, *Récits de 1900*. Traduit du russe par Édouard Parayre, révisé par Lily Denis. © Gallimard.

Michel Tournier, *Le Coq de bruyère*. © Gallimard.

TABLE DES MATIÈRES

Ce volume
publié aux éditions Sortilèges
a été achevé d'imprimer
en octobre 1999
dans les ateliers
de Normandie Roto Impression s.a.,
61250 Lonrai

N° d'éditeur : 3751
N° d'imprimeur : 992506
Dépôt légal : novembre 1999